GUIDE
DANS
LE PALAIS
DE L'INDUSTRIE
ET DES
BEAUX-ARTS

GUIDE

DANS

L'EXPOSITION

UNIVERSELLE

DE L'INDUSTRIE ET DES BEAUX-ARTS.

TYPOGRAPHIE DE J. BEST,
RUE POUPÉE, 7.

GUIDE

DANS

L'EXPOSITION

UNIVERSELLE

DES PRODUITS DE L'INDUSTRIE ET DES BEAUX-ARTS
DE TOUTES LES NATIONS.

1855.

PARIS

PAULIN ET LE CHEVALIER

RUE RICHELIEU, 60.

1855

Vu les traités internationaux, les éditeurs se réservent le droit
de reproduction et de traduction.

GUIDES ILLUSTRÉS A 1 FRANC.

GUIDE

DANS

L'EXPOSITION UNIVERSELLE

DES PRODUITS DE L'INDUSTRIE ET DES BEAUX-ARTS
DE TOUTES LES NATIONS.

1855

INTRODUCTION.

L'idée des Expositions de l'industrie et de l'agriculture est française. C'est en France qu'elle fut conçue, au sortir des orages révolutionnaires, au moment où notre patrie se reconstituait tout entière, et la première du monde, sur la base des idées modernes, et où l'industrie et l'agriculture, réunies et étroitement liées par l'unité politique, prenaient un essor nouveau et rattachaient pour la première fois ces liens étroits qui devaient faire leur avenir et leur grandeur.

M. Necker, vers 1785, conçut un projet qui, sans être précisément celui d'une Exposition nationale, contenait en germe l'idée mère de cette institution. Il ne put réaliser ce progrès avec la France divisée en corporations, en syndicats, avec le commerce livré à la commission, le travail difficile, les routes négligées et les canaux à peine ouverts.

Le ministre François de Neufchâteau reprit ce projet en 1798, et le formula définitivement en Exposition nationale. Les temps avaient changé : la révolution avait nivelé les barrières, renversé les séparations des provinces, centralisé le gouvernement, et les corporations avaient disparu dans la tourmente. François de Neufchâteau réussit, et il inaugura ainsi la série des Expositions, dont voici le tableau :

DE L'INDUSTRIE.

Tableau des Expositions de l'Industrie française, de l'an 6 (1798) à l'année 1849.

ANNÉES.	DURÉE DE L'EXPOSITION.	MINISTRES qui ont dirigé LES EXPOSITIONS.	RAPPORTEUR ou PRÉSIDENT.	NOMBRE D'EXPOSANTS.	NOMBRE DES RÉCOMPENSES.
1. An 6 (1798).	19 sept. — 21 sept. (3 jours).	F. de Neufchâteau.	Chaptal.	110	25
2. An 9 (1801).	19 sept. — 24 sept. (6 jours).	Chaptal.	Costaz.	220	80
3. An 10 (1802).	18 sept. — 24 sept. (7 jours).	Chaptal.	Costaz.	540	254
4. 1806.	27 sept. — 18 oct. (24 jours).	Champagny.	Costaz.	1420	610
5. 1819.	25 août — 30 sept. (35 jours).	Decazes.	Costaz.	1662	809
6. 1823.	25 août — 15 oct. (50 jours).	De Corbière.	Migneron et H. de Thury.	1648	1092
7. 1827.	1er août — 2 oct. (62 jours).	De Corbière.	Migneron et H. de Thury.	1795	1254
8. 1834.	1er mai — 1er juill. (60 jours).	Thiers.	Ch. Dupin.	2447	1785
9. 1839.	1er mai — 31 juill. (91 jours).	Martin (du Nord).	Baron Thénard.	3381	2305
10. 1844.	1er mai — 30 juin (60 jours).	Cunin-Gridaine.	Baron Thénard.	3960	3253
11. 1849.	1er juin — 31 juill. (61 jours).	L. Buffet.	Ch. Dupin.	4532	3738

GUIDE DANS L'EXPOSITION

Nous voyons par là que les Expositions de l'industrie nationale française, commencées en l'an 6 (1798) et finies en 1851, se sont élevées au nombre de onze, et que la grande Exposition universelle de 1855 sera la douzième.

Si l'on suit le progrès durant ces onze Expositions et ces cinquante-trois années, court espace d'à peine un demi-siècle dans la vie d'une nation, on voit avec étonnement le chiffre des industriels qui s'y présentent s'élever successivement d'un modeste groupe de cent dix à une réunion de plus de cinq mille exposants, effrayante progression qui présente ce chiffre énorme, à l'Exposition de 1844, d'une augmentation de trente-six fois le premier total en quarante-huit ans.

Si nous joignons à cette première étude l'examen de la progression des brevets d'invention pris pendant les premières années du développement industriel, nous obtiendrons des résultats non moins intéressants et concluants.

En l'an 6 (1798), 10 brevets d'invention avaient été pris par les industriels de toute sorte qui se présentaient à l'Exposition.

En l'an 9 (1801), 34 brevets sur 110 exposants.

En l'an 10 (1802), 29 brevets sur 220 exposants.

En 1806, 74 brevets sur 540 exposants.

En 1819, 138 brevets sur 1422 exposants.

En 1823, 187 brevets sur 1662 exposants.

En 1827, 281 brevets sur 1648 exposants.

Et enfin, en 1834, 576 brevets sur 1795 exposants.

Nous nous arrêtons à 1834, afin que l'on ne nous présente pas l'objection que la multiplication du mouvement industriel et l'introduction parmi nous d'une foule d'industries bâtardes, à peine dignes de ce nom, qui essayent de se populariser par la mode, ont multiplié les brevets au point de ne plus leur donner une garantie de valeur suffisante pour l'estimation des forces croissantes de notre fabrication.

Or, à cette époque, c'est-à-dire de 1798 à 1834, en trente-six ans, nous voyons que si les exposants sont comme 1,795 à 110, c'est-à-dire près de seize fois et demie plus nombreux, les brevets qu'ils représentent sont comme 576 à 10, c'est-à-dire cinquante-six fois plus nombreux.

Quel chiffre plus éloquent pour montrer l'extension du commerce!

Il n'entre pas dans le plan d'un simple Guide de donner même un aperçu détaillé de la série de ces expositions; mais nous voulons cependant établir, pour le lecteur, la progression successive qui marqua ces différentes époques de l'industrie française.

Les Expositions françaises ont subi trois périodes. La première, que l'on peut fixer de 1798 à 1819 inclusivement, et qui comprend cinq expositions, fut la période d'essai proprement dite. Pendant ce temps, les exposants se réunissent plutôt pour travailler de concert à grouper l'unité industrielle auprès de l'unité administrative et politique qui se constituent. On veut se voir, se compter, se reconnaître, savoir ce qui se passe dans le fond de chaque province et ce qu'il est possible d'en tirer. Les hommes spéciaux dirigent cet effort. En un mot, le pays apprend plutôt à savoir ce qui lui manque qu'à l'acquérir.

A partir de 1819, l'élan change jusqu'en 1839 : les expositions révèlent l'essor de la France, qui tâche à s'affranchir de l'importation étrangère, qui s'efforce d'exploiter ou de créer les richesses premières dont elle a besoin pour mettre en œuvre son industrie. Déjà aux échantillons qui seuls étaient apportés aux premières expositions succèdent les produits eux-mêmes. En même temps, vers les dernières années, la plupart des contrées de l'Europe, emportées par le progrès nouveau, adoptent le système des expositions. L'Angleterre seule résiste et a résisté tant qu'elle a eu de forces.

En 1844, une véritable révélation se produisit : la France était devenue industrielle; 1849 mit le sceau à ce progrès accompli. Désormais, dans toutes les branches, on nous vit marcher à côté des nations étrangères et étaler des spécimens qui souvent le disputaient aux plus vieilles réputations. Nous nous suffisons à nous-mêmes sur beaucoup d'objets, et pour certains autres l'étranger devient définitivement notre tributaire. Nous ne sommes plus exclusivement des artistes et des paysans, nous voilà ouvriers. En 1849, l'Algérie est admise à l'Exposition, et apporte un nouvel élément à l'avenir.

Telle est, sous la forme la plus rapide, la décomposition du mouvement dans les expositions françaises; tels sont les tableaux principaux qui s'y rapportent, tableaux qui mettront le lecteur au courant du développement de cette grande pensée.

EXPOSITIONS INDUSTRIELLES ET ÉTRANGÈRES.

Pendant la longue période de temps que nous venons de parcourir, les étrangers nous avaient suivis, quoique d'un pas timide, dans la voie entreprise par nous.

En tête, nous citerons et nous avons à citer la nation qui devait être la moins rebelle à notre instigation et la plus empressée à nous imiter, tant par sa proximité que par sa langue et la nature de ses industries, la Belgique.

Belgique. — La Belgique a eu trois grandes expositions : en 1835, 1841 et 1847.

Les deux premières furent plutôt des essais et des efforts qu'une véritable réalisation du but proposé.

La troisième fut un triomphe. Malgré son peu d'étendue et le nombre restreint de ses habitants, cette industrieuse contrée vit venir 2,000 exposants à son appel; et les toiles de lin des Flandres, les draps de Verviers, les armes et les produits métallurgiques de Liége, attirèrent l'attention de toute l'Europe industrielle.

Elle a envoyé 697 exposants à l'Exposition de 1855.

Autriche. — L'Autriche sentit le besoin d'adopter cette institution, qui devait ajouter un lien à ce faisceau d'Etats disparates.

Elle eut trois expositions, comme la Belgique, toutes les trois à Vienne.

La première, en 1835, ne compta que 594 exposants.

La deuxième, en 1839, s'éleva à 732.

La troisième enfin, en 1845, ne vit pas venir moins de 1,865 exposants, que quarante-huit salles, prises dans le local de l'Ecole polytechnique, purent à peine contenir.

La basse Autriche en envoya un millier environ ; la Bohême, 230 ; la haute Autriche, 150 ; Venise et la Lombardie, 80 ; la Hongrie, 40 seulement.

Les lins et toiles de Silésie, les fers et aciers de la Styrie, les soies de Lombardie, les mines de Croatie et de Hongrie, et enfin les célèbres verres de Bohême, prirent rang dans les industries d'exportation et de lutte européenne.

Elle a envoyé 1,660 exposants au Palais de 1855.

Zollverein. — La coalition douanière allemande formée pour résister à l'ascendant commercial de l'Autriche devait avoir aussi ses expositions.

Elle suivit l'impulsion générale en 1844. L'exposition eut lieu à Berlin, siège naturel de l'association.

Elle eut 3,200 exposants.

La Prusse et ses provinces en comptèrent 2,000 ; le Wurtemberg et la Saxe, 110 chacun ; les Etats de Thuringe, 120 ; la Hesse, 92 ; etc.

On décerna 1,277 récompenses.

Les laines allemandes, si fameuses, les draps de Saxe, les tissus, mérinos, etc., de la Prusse ; les draps des provinces rhénanes, les lins de Westphalie, de la Hesse, de la Bavière, avec les toiles de Westphalie et le linge damassé de Saxe ; les aciers naturels de Nassau et de la Thuringe : tels furent les produits qui prirent le premier rang à côté des fameuses porcelaines de Saxe.

Russie. — Pour ne dire qu'un mot en passant de cette puissance, que la guerre a empêchée de se présenter au concours universel de 1855, nous citerons le nombre de ses expositions, qui n'ont pas été moins de six fois renouvelées, en 1829, 1831, 1835, 1839, 1843, enfin en 1845 aux bords de la Néva. Elles ont été tour à tour à Saint-Pétersbourg et à Moscou.

La dernière n'a pas compté moins de 500 exposants.

L'Espagne, le Piémont et la Savoie ont eu aussi quelques expositions industrielles plus restreintes, mais qui n'en témoignent pas moins de l'élan général qui entraîna l'Angleterre, laquelle, avec son admirable sens pratique, comprit qu'il fallait céder, et ouvrit la première Exposition universelle en 1851.

EXPOSITION UNIVERSELLE DE 1851.

L'Exposition de Londres ouvrit le 1er mai 1851, et fut close le 11 octobre.

Le palais de Sydenham présenta une étendue totale de 97,000 mètres; il coûta 176,030 liv. 13 sch. 8 d. (4,400,767 fr. 5 c.).

Les prix d'entrée furent :

Les deux premiers jours, de 1 livre sterling (25 fr.).
Du 5 au 24 mai, de 5 schellings (6 fr. 25 cent.).
Du 26 mai au 11 octobre, les lundis, mardis et jeudis, de 1 schelling (1 fr. 25 cent.).
Les mercredis, de 2 schellings 6 pence (3 fr. 10 cent.).
Les samedis, de 5 schellings (6 fr. 25 cent.).

On délivra 25,605 billets de saison. Ces billets coûtaient 3 liv. 3 schell. (78 fr. 75 c.) pour les hommes, 2 liv. 2 schell. (52 fr. 50 c.) pour les dames. 6,039,195 visiteurs se présentèrent à l'Exposition, en moyenne 42,831 par jour; le jour le plus élevé fut de 109,915.

Les entrées et billets de saison produisirent 356,808 liv. 1 schell. (8,920,201 fr. 25 c.); en y ajoutant les objets affermés, la recette fut de 506,100 liv. 6 schell. 11 d. (12,652,508 fr. 55 c.).

La dépense totale fut de 292,794 liv. 11 schell. 5 d. (7,319,864 fr. 5 c.).

Soit : Recette.......... 12,652,508 f. 55 c.
Dépense.......... 7,319,864   05
Bénéfice......... 5,332,644 f. 50 c.

Le nombre des exposants fut de 13,937.

DE L'INDUSTRIE.

L'Angleterre compta pour 6,861, qui obtinrent 2,155 récompenses.

La France et l'Algérie en envoyèrent 1,710, qui obtinrent 1,043 récompenses.

Le Zollverein (Prusse, Bavière, Luxembourg, Saxe, Wurtemberg, etc.), 1,402 exposants, à qui 493 récompenses furent données.

L'Autriche, 731 exposants et 244 récompenses.

L'Amérique du Nord, 499, et 160 récompenses.

La Belgique, 506, et 208 récompenses.

La Suisse, 263, et 115 récompenses.

La Russie, 263 et 128 récompenses.

La Chine enfin obtint 13 récompenses.

Les industries les plus récompensées furent celles des tissus, habillements, teintures, dentelles, cuirs et papiers, qui, à elles seules, obtinrent 1,471 récompenses.

Les mines, la métallurgie, les produits chimiques et les substances alimentaires réunies, en obtinrent 1,249.

Le total des récompenses fut de 5,248.

L'Exposition représenta une valeur d'environ 45 millions de francs.

EXPOSITION DE DUBLIN.

Cette exposition fut une exposition de spéculation pure ; la vente y fut permise pendant toute sa durée. Un grand nombre d'objets d'art, sculptures, médailles, tableaux, cabinets de curiosités, furent exposés.

Le nombre des exposants fut de 1,900 environ.

Elle fut ouverte le 1ᵉʳ mai et close le 31 octobre.

Les résultats pécuniaires en furent très-satisfaisants, mais il ne fut pas distribué de récompenses.

EXPOSITION DE NEW-YORK.

Cette exposition fut ouverte le 15 juillet 1853, mais ne fut prête que le 15 septembre. Elle dura jusqu'au 31 décembre, mais le bâtiment resta ouvert comme comptoir de vente.

Le nombre des exposants fut de 4,830, sur lesquels il y eut 1,955 Américains, 456 Anglais, 396 Français, 638 du Zollverein et de l'Allemagne, 297 Lombards-Autrichiens, 149 Canadiens, etc.

L'espace occupé fut de 13,093 mètres.

On y distribua 2,273 récompenses, 50 pour 100 du nombre des exposants.

EXPOSITION DE MUNICH.

Une exposition universelle de l'Allemagne eut lieu à Munich, en 1854.

Elle réunit 6,807 exposants, 1,477 de l'Autriche, 5,069 du Zollverein.

On y décerna 2,900 et quelques récompenses.

L'exposition compta 194,519 visiteurs et récolta 95,000 francs.

Les prix étaient à bon marché (42 centimes).

DOCUMENTS OFFICIELS

RELATIFS A L'EXPOSITION UNIVERSELLE DE L'INDUSTRIE ET DES BEAUX-ARTS DE 1855.

DÉCRET.

Napoléon, par la grâce de Dieu et la volonté nationale, empereur des Français, à tous présents et à venir salut ;

Sur le rapport de notre ministre secrétaire d'État au département de l'agriculture, du commerce et des travaux publics ;

Vu nos décrets des 8 mars et 22 juin derniers, portant qu'il sera ouvert à Paris, le 1er mai 1855, une exposition universelle des produits de l'agriculture, de l'industrie et des beaux-arts :

Avons décrété et décrétons ce qui suit :

Art. 1ᵉʳ. L'Exposition universelle des produits de l'agriculture, de l'industrie et des beaux-arts, est placée sous la direction et la surveillance d'une commission, qui sera présidée par notre bien-aimé cousin le prince Napoléon.

Art. 2. Sont nommés membres de cette commission :

MM. Baroche, président du conseil d'État;
Elie de Beaumont, sénateur, membre de l'Institut;
Billault, président du corps législatif;
Blanqui, membre de l'Institut, directeur de l'École supérieure du commerce;
Eugène Delacroix, peintre, membre de la commission municipale et départementale de la Seine;
Jean Dolfus, manufacturier;
Arlès-Dufour, membre de la chambre de commerce de Lyon;
Dumas, sénateur, membre de l'Institut;
Baron Charles Dupin, sénateur, membre de l'Institut;
Henriquel Dupont, membre de l'Institut;
Comte de Gasparin, membre de l'Institut;
Gréterin, conseiller d'Etat, directeur général des douanes et des contributions indirectes;
Heurtier, conseiller d'Etat, directeur général de l'agriculture et du commerce;
Ingres, membre de l'Institut;
Legentil, président de la chambre de commerce de Paris;
Le Play, ingénieur en chef des mines;
Comte de Lesseps, directeur des consulats et des affaires commerciales au ministère des affaires étrangères;
Mérimée, sénateur, membre de l'Institut;
Michel Chevalier, conseiller d'État, membre de l'Institut;
Mimerel, sénateur;
Général Morin, directeur du Conservatoire impérial des arts et métiers;

Comte de Morny, député au corps législatif, membre du conseil supérieur du commerce, de l'agriculture et de l'industrie;
Prince de la Moskowa, sénateur;
Duc de Mouchy, sénateur, membre du conseil supérieur du commerce, de l'agriculture et de l'industrie;
Marquis de Pastoret, sénateur, membre de l'Institut;
Emile Péreire, président du conseil d'administration du chemin de fer du Midi;
Général Poncelet, membre de l'Institut;
Regnault, membre de l'Institut, administrateur de la manufacture impériale de Sèvres;
Sallandrouze, manufacturier, député au corps législatif;
De Saulcy, membre de l'Institut, conservateur du Musée d'artillerie;
Schneider, vice-président du corps législatif, membre du conseil supérieur du commerce, de l'agriculture et de l'industrie;
Baron Sellière (Achille);
Seydoux, député au corps législatif;
Simart, membre de l'Institut;
Troplong, président du Sénat, premier président de la Cour de cassation, membre de l'Institut;
Maréchal comte Vaillant, grand maréchal du palais, sénateur, membre de l'Institut;
Visconti, membre de l'Institut, architecte de l'empereur.

Art. 3. La commission est divisée en deux sections :
La section des beaux-arts,
La section de l'agriculture et de l'industrie.
Sont nommés membres de la section des beaux-arts :

MM. Baroche,
Eugène Delacroix,
Henriquel Dupont,
Ingres,

MM. Mérimée,
Comte de Morny,
Prince de la Moskowa,
Duc de Mouchy,

MM. Marquis de Pastoret, MM. Simart,
De Saulcy,   Visconti (1).

Art. 4. En cas d'absence du prince Napoléon, la commission, réunie en assemblée générale, sera présidée par le ministre d'Etat, ou par le ministre de l'agriculture, du commerce et des travaux publics, et, à leur défaut, par un vice-président, qui sera nommé au scrutin dans la première séance.

La section des beaux-arts sera présidée par le ministre d'Etat;

La section de l'agriculture et de l'industrie, par le ministre de l'agriculture, du commerce et des travaux publics.

Chaque section fera choix d'un président.

Art. 5. Sont nommés:

Secrétaire général de la commission, M. Arlès-Dufour;

Secrétaire général adjoint, M. Adolphe Thibaudeau.

M. de Mercey, chef de la section des beaux-arts au ministère d'Etat, est nommé secrétaire de la section des beaux-arts.

M. Audiganne, chef du bureau de l'industrie, et M. Chemin-Dupontès, chef du bureau du mouvement général du commerce et de la navigation, au ministère de l'agriculture, du commerce et des travaux publics, sont nommés secrétaires de la section de l'agriculture et de l'industrie.

Art. 6. Notre ministre d'Etat et notre ministre secrétaire d'Etat au département de l'agriculture, du commerce et des travaux publics, sont chargés de l'exécution du présent décret.

Fait au palais des Tuileries, le 24 décembre 1853.
                    Signé : NAPOLÉON.

Par l'empereur, le ministre d'Etat,
                    Signé : Achille Fould.

Le ministre secrétaire d'État au département de l'agriculture, du commerce et des travaux publics,
                    Signé : Magne.

(1) Remplacé par M. Vaudoyer.

EXTRAIT DU RÈGLEMENT GÉNÉRAL.

Dispositions générales.

L'Exposition universelle, instituée à Paris pour l'année 1855, recevra les produits agricoles et industriels, ainsi que les œuvres d'art de toutes les nations.

Elle s'ouvrira le 1er mai et sera close le 31 octobre de la même année.

L'Exposition universelle de 1855 est placée sous la direction et la surveillance de la commission impériale nommée par décret du 24 décembre 1853.

Dans chaque département, un comité, nommé par le préfet d'après les instructions de la commission impériale, sera chargé de prendre toutes les mesures utiles au succès de l'Exposition, et de statuer, en temps opportun, sur l'admission et le rejet des produits présentés.

Il sera établi en outre, si la commission impériale le juge nécessaire, des sous-comités locaux ou des agents spéciaux, dans toutes les villes et centres industriels où le besoin en sera reconnu.

Des instructions spéciales seront adressées, au nom de la commission impériale, à MM. les ministres de la guerre et de la marine, pour l'organisation du concours de l'Algérie et des colonies françaises à l'Exposition.

Les gouvernements étrangers sont invités à établir, pour le choix, l'examen et l'envoi des produits de leurs nationaux, des *comités* dont la formation et la composition seront notifiées, le plus tôt possible, à la commission impériale, afin qu'elle puisse se mettre immédiatement en rapport avec ces comités.

Les comités départementaux, ainsi que les comités étrangers, autorisés par leurs gouvernements respectifs, correspondront directement avec la commission impériale, qui s'interdit toute correspondance avec les exposants ou autres particuliers tant français qu'étrangers.

Les Français ou les étrangers qui se proposent de

concourir à l'Exposition devront s'adresser au comité du département, de la colonie ou du pays qu'ils habitent.

Les étrangers résidant en France pourront s'adresser aux comités officiels de leurs pays respectifs.

Nul produit ne sera admis à l'Exposition, s'il n'est envoyé avec l'autorisation et sous le cachet des comités départementaux ou des comités étrangers.

Les comités étrangers et départementaux feront connaître, aussitôt que possible, le nombre présumé des exposants de leur circonscription et l'espace dont ils croiront avoir besoin.

Sur cette communication, la commission impériale fera, sans délai, opérer la répartition de l'emplacement général, au *prorata* des demandes, entre la France et les autres nations.

Cette répartition opérée, notification en sera immédiatement faite aux comités français et étrangers, qui auront eux-mêmes à subdiviser, entre les exposants de leurs circonscriptions, l'espace ainsi déterminé.

Les listes des exposants admis devront être adressées à la commission impériale, au plus tard, le 30 novembre 1854.

Elles indiqueront :

1° Les noms, prénoms (ou la raison sociale), profession, domicile ou résidence des requérants ;

2° La nature et le nombre ou la quantité des produits qu'ils désirent exposer ;

3° L'espace qui leur est nécessaire à cet effet, en hauteur, largeur et profondeur.

Ces listes, ainsi que les autres documents venant de l'étranger, devront, autant que possible, être accompagnés d'une traduction en langue française.

Administration et classification des produits.

Sont admissibles à l'Exposition universelle tous les produits de l'agriculture, de l'industrie et de l'art, autres que ceux qui se classent dans les catégories ci-après :

1° Les animaux et les plantes, à l'état vivant ;

2° Les matières végétales et animales, à l'état frais et susceptibles d'altération ;

3° Les matières détonantes, et généralement toutes les substances qui seraient reconnues dangereuses ;

4° Et enfin, les produits qui dépasseraient, par leur quantité, le but de l'Exposition.

La commission impériale aura le droit d'éliminer et d'exclure, sur la proposition des agents compétents, les produits français qui lui paraîtraient nuisibles ou incompatibles avec le but de l'Exposition, et ceux qui auraient été envoyés au delà des exigences et des convenances de l'Exposition.

Les produits formeront deux divisions distinctes : les *produits de l'industrie*, et les *œuvres d'art ;* ils seront distribués, pour chaque pays, en huit groupes, comprenant trente classes, savoir :

Première division : produits de l'industrie.

1er *Groupe*. — Industries ayant pour objet principal l'extraction ou la production des matières brutes.

2e *Groupe*. — Industries ayant spécialement pour objet l'emploi des forces mécaniques.

3e *Groupe*. — Industries spécialement fondées sur l'emploi des agents physiques et chimiques, ou se rattachant aux sciences et à l'enseignement.

4e *Groupe*. — Industries se rattachant spécialement aux professions savantes.

5e *Groupe*. — Manufactures de produits minéraux.

6e *Groupe*. — Manufactures de tissus.

7e *Groupe*. — Ameublement et décoration, modes, dessin industriel, imprimerie, musique.

Seconde division : œuvres d'art.

8e *Groupe*. — Beaux-arts, peinture, gravure, lithographie, sculpture, gravure en médailles, architecture.

Jury et récompenses.

L'appréciation et le jugement des produits exposés

seront confiés à un grand jury mixte international. Ce jury sera composé de membres titulaires et de membres suppléants, qui seront répartis en 30 jurys spéciaux correspondant aux 30 classes des produits exposés.

Le nombre de jurés à fixer sera, pour la France comme pour l'étranger, proportionnel au nombre d'exposants fourni par chaque pays.

Le comité officiel de chaque nation désignera les personnes de son choix pour former le nombre de jurés qui lui sera dévolu.

Les jurés français seront nommés, pour les 27 premières classes, par la section de l'agriculture et de l'industrie de la commission impériale, et pour les trois dernières classes, par la section des beaux-arts.

Chaque jury spécial aura un président nommé par la commission impériale, un vice-président et un rapporteur nommés par le jury à la majorité absolue des voix.

Dans le cas où aucun des membres n'obtiendrait la majorité absolue, le sort prononcerait entre les deux candidats réunissant le plus grand nombre de voix.

Le président de chaque jury, et, en son absence, le vice-président, aura voix prépondérante en cas de partage.

Les jurys spéciaux seront en outre distribués par groupes, représentant les industries liées entre elles par certains points d'analogie ou de similitude.

Ces groupes sont au nombre de huit.

Les membres de chaque groupe nommeront leur président et leur vice-président.

Aucune décision ne sera arrêtée par l'un des jurys spéciaux qu'avec l'approbation du groupe auquel il appartient.

Les récompenses de premier ordre ne seront accordées qu'après une révision faite par un conseil composé des présidents et vice-présidents des jurys spéciaux.

Le jury des beaux-arts est excepté de cette règle.

Chaque jury spécial pourra s'adjoindre, à titre d'associés ou d'experts, une ou plusieurs personnes compétentes sur quelques-unes des matières soumises à son examen. Ces personnes pourront être prises parmi les membres titulaires ou suppléants des autres classes, et parmi les hommes de la spécialité requise en dehors du jury. Les membres ainsi adjoints ne prendront part aux travaux de la classe où ils auraient été appelés que pour l'objet déterminé qui aura motivé leur appel; ils auront seulement voix consultative.

Les exposants qui auraient accepté les fonctions de jurés, soit comme titulaires, soit comme suppléants, seront, par ce seul fait, mis hors du concours pour les récompenses.

Le jury des beaux-arts est excepté de cette règle.

Seront également exclus du concours, mais dans la classe seulement où ils auront opéré, les exposants appelés comme associés ou comme experts.

Chaque jury pourra, selon les circonstances, se fractionner en comités, mais il ne pourra prendre de décisions qu'à la majorité du jury entier.

Indépendamment des distinctions honorifiques qui pourront être accordées comme récompenses aux exposants, le conseil des présidents et vice-présidents aura la faculté de recommander à l'empereur les exposants qui lui paraîtraient mériter des marques spéciales de gratitude publique, à raison de services hors ligne rendus à la civilisation, à l'humanité, aux sciences et aux arts, ou des encouragements d'une autre nature, à raison de sacrifices considérables dans un but d'utilité générale, et eu égard à la position des inventeurs ou des producteurs.

DISPOSITIONS SPÉCIALES AUX BEAUX-ARTS.

Un jury français, institué à Paris, prononcera sur l'admission des œuvres des artistes français.

Les membres du jury français d'admission seront désignés par la section des beaux-arts de la commission impériale.

Le jury d'admission des beaux-arts se divisera en trois sections :

La première comprendra la peinture, la gravure et la lithographie ;

La seconde, la sculpture et la gravure en médailles ;

La troisième, l'architecture.

Chacune de ces sections prononcera à l'égard des œuvres rentrant dans sa spécialité.

L'Exposition est ouverte aux productions des artistes français et étrangers vivants au 22 juin 1853, date du décret constitutif de l'Exposition des beaux-arts.

Les artistes pourront présenter à l'Exposition universelle des ouvrages déjà exposés précédemment ; seulement ne pourront être admis :

1° Les copies (excepté celles qui reproduiraient un ouvrage dans un genre différent, sur émail, par le dessin, etc.);

2° Les tableaux et autres objets sans cadre :

3° Les sculptures en terre non cuite.

I. — EXPOSITION DE L'INDUSTRIE.

PALAIS DE L'EXPOSITION.

L'Exposition universelle des produits de l'industrie de toutes les nations a été inaugurée à Paris, en exécution du décret de S. M. l'empereur Napoléon III, en date du 8 mars 1853.

L'emplacement choisi pour la construction du local destiné à cette exposition fut le grand carré Marigny, dans les Champs-Élysées.

Le 29 août 1852, une concession fut faite à M. Jules Ardoin, banquier à Paris, par M. le ministre de l'agriculture et du commerce, concession par laquelle il était accordé à une compagnie par actions le droit de percevoir les revenus de l'Exposition universelle de 1855,

20 GUIDE DANS L'EXPOSITION

Cérémonie d'inauguration du palais de l'Industrie.

revenus dont les tarifs seraient fixés par accord entre le gouvernement et la compagnie, à la condition qu'un palais approprié à cet usage serait construit par ladite compagnie.

La concession était faite à la compagnie pour une période de trente-cinq années, commençant au jour de l'achèvement et de la réception des travaux.

Le gouvernement garantissait l'intérêt à 4 pour 100 de l'argent des actionnaires, montant à 13 millions, somme fixée pour la construction.

La compagnie a pour charges de payer à la ville un loyer de 1,200 francs pour ses cent mille mètres carrés de superficie dans les Champs-Elysées.

La ville, en outre, s'est réservé le droit, sous la surveillance du ministre de l'intérieur, d'user gratuitement des salles de l'édifice pour des fêtes, des cérémonies extraordinaires et des réunions d'utilité publique.

Le palais offrira, pour ces occasions, la plus grande salle qui existe dans le monde. On la divisera à l'aide de cloisons mobiles, lorsque le genre des réunions exigera un espace plus restreint. Le palais servira également aux expositions des beaux-arts et de l'industrie, ce qui constitue au gouvernement une économie de 5 à 600,000 francs pour chaque exposition de l'industrie, et de 60 à 80,000 francs pour chaque exposition annuelle des beaux-arts.

L'exécution de ce cahier des charges fut remis aux soins de M. le vicomte de Rouville, directeur. Un conseil d'administration fut constitué, formé de MM. Bouissin, ancien avoué; Ricardo, fils d'un riche banquier de Londres, et Jules Ardoin, concessionnaire en titre.

L'édifice a été construit sur les plans de M. Viel, architecte, et la construction en a été soumissionnée par une compagnie dirigée par M. York, entrepreneur anglais.

La concession portait que l'édifice serait achevé dans deux ans: commencé le 1er janvier 1853, le palais a été terminé dans deux campagnes de construction, en vingt-huit mois, ce qui n'a dépassé le délai prescrit que de quatre mois.

22 GUIDE DANS L'EXPOSITION

Élévation et vue à vol d'oiseau du palais de l'Exposition.

La cérémonie d'inauguration a eu lieu le 15 mai 1855.

Le palais est entièrement construit en pierre et en fer, et composé d'un corps de bâtiment central avec six pavillons qui le flanquent.

Il mesure, hors œuvre des murs, une longueur de 254 mètres, sur une largeur de 110 mètres ; ce qui donne une surface de 28,085 mètres, qui, jointe aux six pavillons qui le flanquent, donne un total général de 31,939 mètres carrés de bâtiments d'un seul tenant, couvrant 3 hectares 19 ares 3 centiares, ce qui forme un total de superficie de 50,011 mètres pour le palais proprement dit.

Le palais est composé d'une grande salle centrale de 192 mètres de long sur 48 de large, qui offre une surface de 9,216 mètres carrés. Elle est subdivisée en vingt-trois travées espacées de 8 mètres.

Cette belle salle n'est surmontée d'aucun premier étage ; elle reçoit directement sa lumière de l'immense toiture en verre qui forme le dôme du palais et est supportée par d'énormes ferrures. Cette magnifique toiture de cristal est élevée de $34^m,80$.

Les galeries latérales qui entourent la grande salle ont 24 mètres de largeur et une hauteur de 16 mètres.

Ces galeries, dominées par le plafond du premier étage, sont éclairées d'une part par les vastes arceaux donnant sur la salle principale, de l'autre par 208 fenêtres ouvertes sur les Champs-Elysées, jointes à de larges ouvertures pour favoriser l'entrée du jour dans les parties les moins bien situées de ce compartiment.

La longueur de ces galeries est d'environ 620 mètres ; elles sont subdivisées par des colonnes qui portent le premier étage et sont espacées de 12 mètres.

La galerie du premier étage a une hauteur de 19 mètres. Cette belle galerie, longue comme toute la salle et large de 24 mètres, présente une superficie de 18,072 mètres. Elle est éclairée de 318 fenêtres.

Elle est desservie par douze grands escaliers placés dans six pavillons qui flanquent le périmètre du palais. 288 colonnes en fonte, de 9 mètres de haut, soutiennent

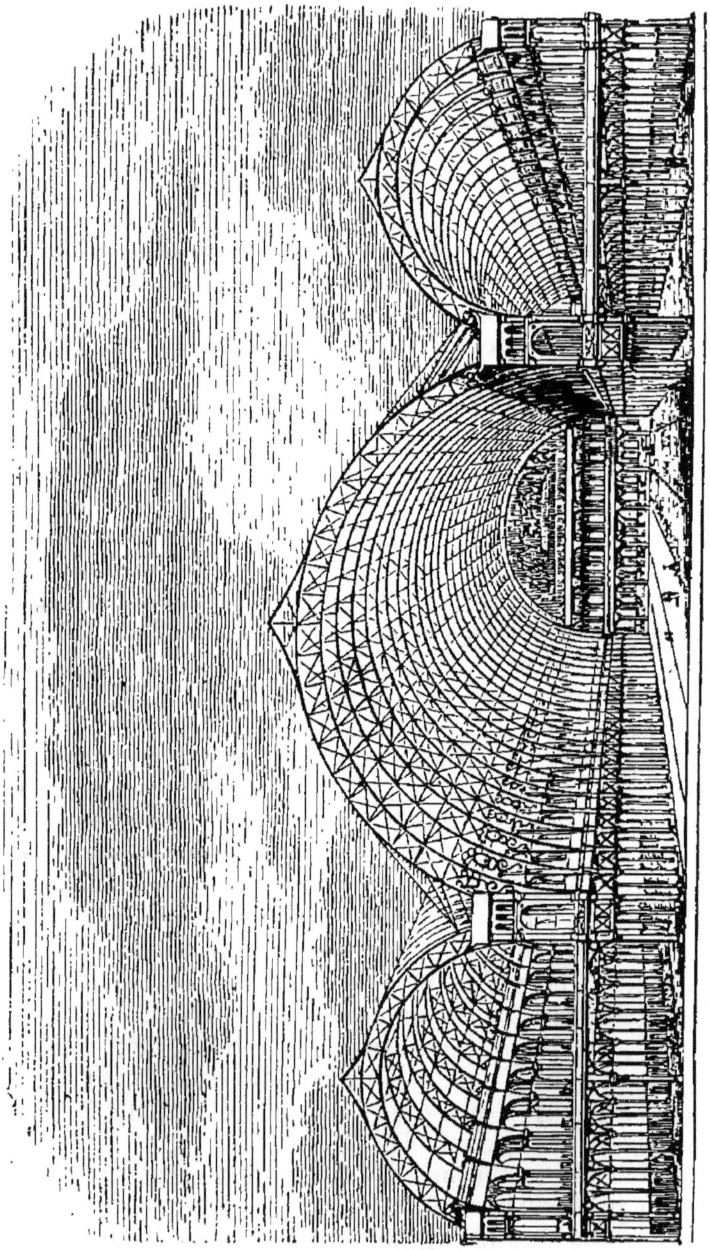

24　GUIDE DANS L'EXPOSITION

Coupe du palais de l'Industrie.

cet ensemble au rez-de-chaussée. Le nombre en diminue de moitié au premier étage.

Les six pavillons sont percés de 72 fenêtres. Ils sont divisés ainsi qu'il suit :

Pavillon nord, ou bâtiment d'administration, contenant les salles de réception, le salon de l'empereur et celui de l'impératrice, le logement du directeur, les bureaux, le vestiaire, etc.

C'est par ce pavillon qu'a lieu l'entrée principale.

Une porte de 15 mètres de diamètre sur 20 mètres de hauteur, double en profondeur, avec de grandes colonnes sur piédestaux de 6 mètres, s'ouvre sur la grande avenue des Champs-Elysées.

Elle est surmontée d'un groupe représentant la France couronnant l'Industrie et le Commerce. Deux groupes d'enfants, à droite et à gauche, soutiennent des cartouches ornés des armes et chiffres de l'empereur.

Au-dessous du groupe, on voit un bas-relief représentant l'Industrie et les Arts venant offrir leurs produits au génie de l'Exposition.

Deux renommées ornent les tympans, et, sous le porche, est sculptée encore une autre allégorie industrielle.

Tout autour du palais sont gravés les noms et les armes des principales villes avec les noms d'hommes célèbres dans l'industrie.

Les autres pavillons, au nombre de quatre, sont placés aux extrémités des galeries latérales. Ils contiennent les sorties et les dégagements.

Enfin le pavillon du sud, situé au centre, contient les sorties nécessaires pour se rendre aux annexes.

Ces annexes, au nombre de trois : galerie du quai de Billy, pourtour et Panorama, terrains couverts de hangars, trouveront leur description autre part ; qu'il nous suffise ici de présenter le tableau suivant :

Le palais de l'Industrie proprement dit est plus petit que celui d'Hyde-Park, qui mesurait 74,318 mètres carrés, au lieu de 50,011 mètres carrés ; mais si l'on y joint la totalité des annexes et le palais des Beaux-Arts, on se trouve avoir 21,000 mètres de plus qu'à Londres.

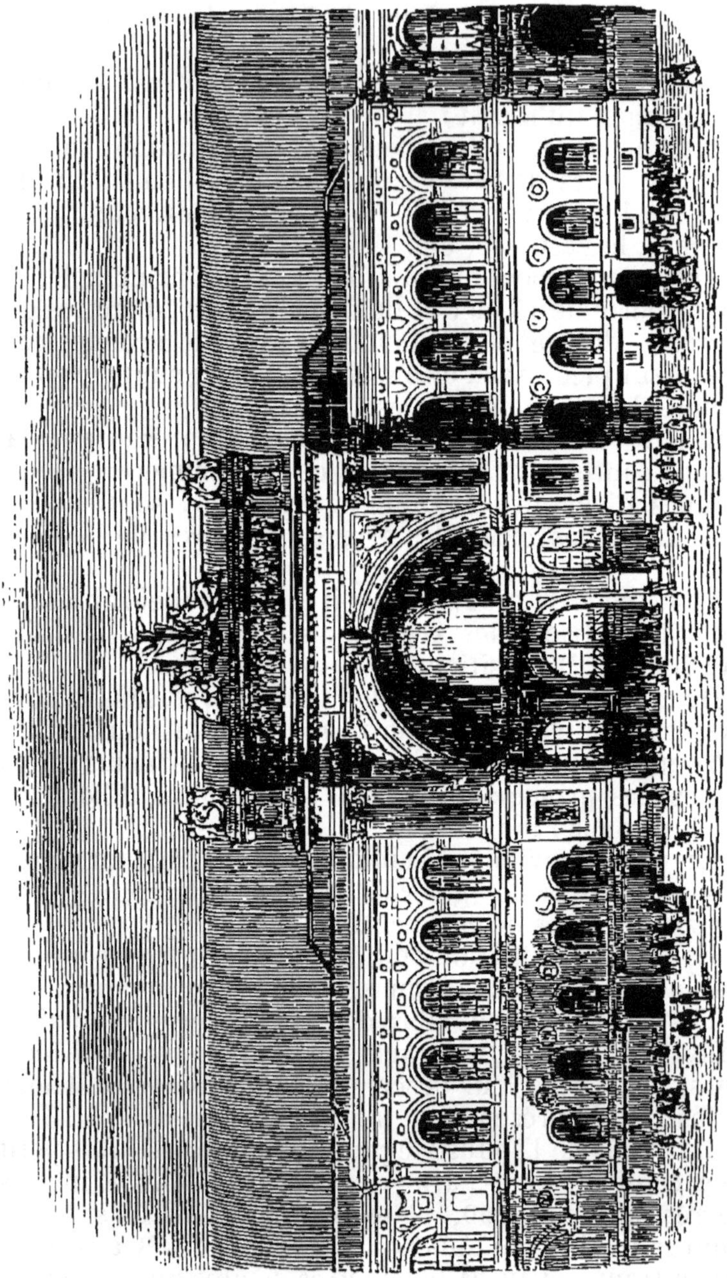

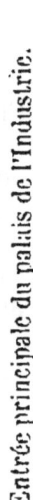

Entrée principale du palais de l'Industrie.

Couronnement de la porte d'entrée du palais de l'Industrie.

Qu'il nous suffise de dire aussi que ces annexes ont élevé la dépense de 13 millions à près de 17 millions, et qu'il n'a pas fallu donner moins de 50,000 francs à M. Langlois pour l'exproprier du Panorama.

L'annexe du bord de l'eau à elle seule mesure 1,200 mètres de longueur et 17 mètres d'élévation; on s'y rend, en traversant le Panorama, par une galerie vitrée qui passe au-dessus du Cours-la-Reine.

Tel est *à priori* l'ensemble général des bâtiments.

Quant aux conditions d'administration : les exposants ont été reçus par des jurys nationaux et classés dans l'intérieur du palais par les soins de la commission impériale, présidée par S. A. I. le prince Napoléon.

Avant de visiter les produits, jetons un coup d'œil rapide sur le nombre d'exposants et la proportion dans laquelle chaque Etat est représenté.

Les derniers chiffres officiels étaient ceux-ci :

Empire français	8,717
Algérie	514
Colonies françaises	6
	9,237

A ce chiffre il convient d'ajouter un chiffre d'au moins 800 exposants qui se sont présentés depuis la dernière statistique régulière, ce qui donne environ 10,037 pour la France.

Les étrangers en avaient 5,086, décomposés ainsi qu'il suit :

Amérique	97
Duchés d'Anhalt-Dessau et de Cœthen	15
Autriche	1,660
Bade	100
Bavière	162
Belgique	697
Duché de Brunswick	15
Danemark	90
	2,836

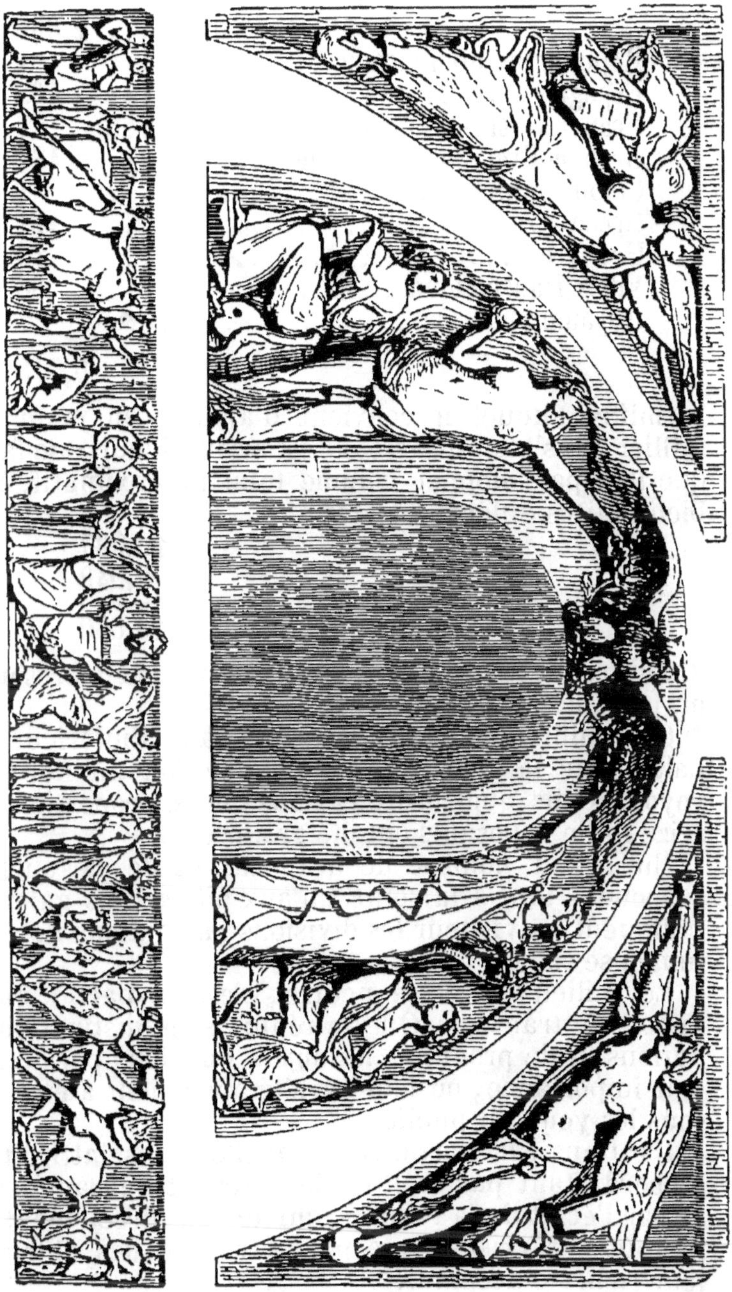

DE L'INDUSTRIE.   29

Cul-de-four, tympan et ornements divers.

D'autre part......	2,836
République dominicaine.............	1
Espagne......................	463
Francfort-sur-le-Mein..............	27
Grande-Bretagne et Irlande..........	1,484
Colonies anglaises................	1
Grèce.........................	121
Hanovre.......................	19
Villes Hanséatiques................	86
Royaume hawaïen................	5
	5,043

Chiffre auquel il convient d'ajouter au moins un millier qui s'est présenté ou est arrivé depuis ; de façon que l'on peut donner comme total approximatif, à de bien petites différences près :

$$\begin{array}{r} 10,037 \\ 6,043 \\ \hline 16,080 \end{array}$$

Chiffre du nombre d'exposants qui se sont présentés au jury international.

Ces chiffres posés, pénétrons dans l'intérieur du palais par la grande porte du pavillon du nord, et voyons dans quel ordre et dans quelle proportion ces seize mille exposants ont été groupés.

Un grand nombre de drapeaux et de cartouches, suspendus tant à la voûte qu'aux piliers des galeries, indiquent au visiteur les divisions par nations de cette immense salle.

Le milieu est resté neutre, c'est la partie qu'on appelle le transept. On y a réuni, sans distinction de nations ni de produits, les objets que leur perfection, leur importance, ou leur variété appelaient à être mis sous les yeux du public.

C'est aussi la partie vers laquelle on est attiré tout d'abord, tant par le luxe de fleurs et de banquettes et par l'éclat de la lumière qui tombe directement de la voûte de cristal, que par la variété des objets et leur richesse accumulée.

DE L'INDUSTRIE.

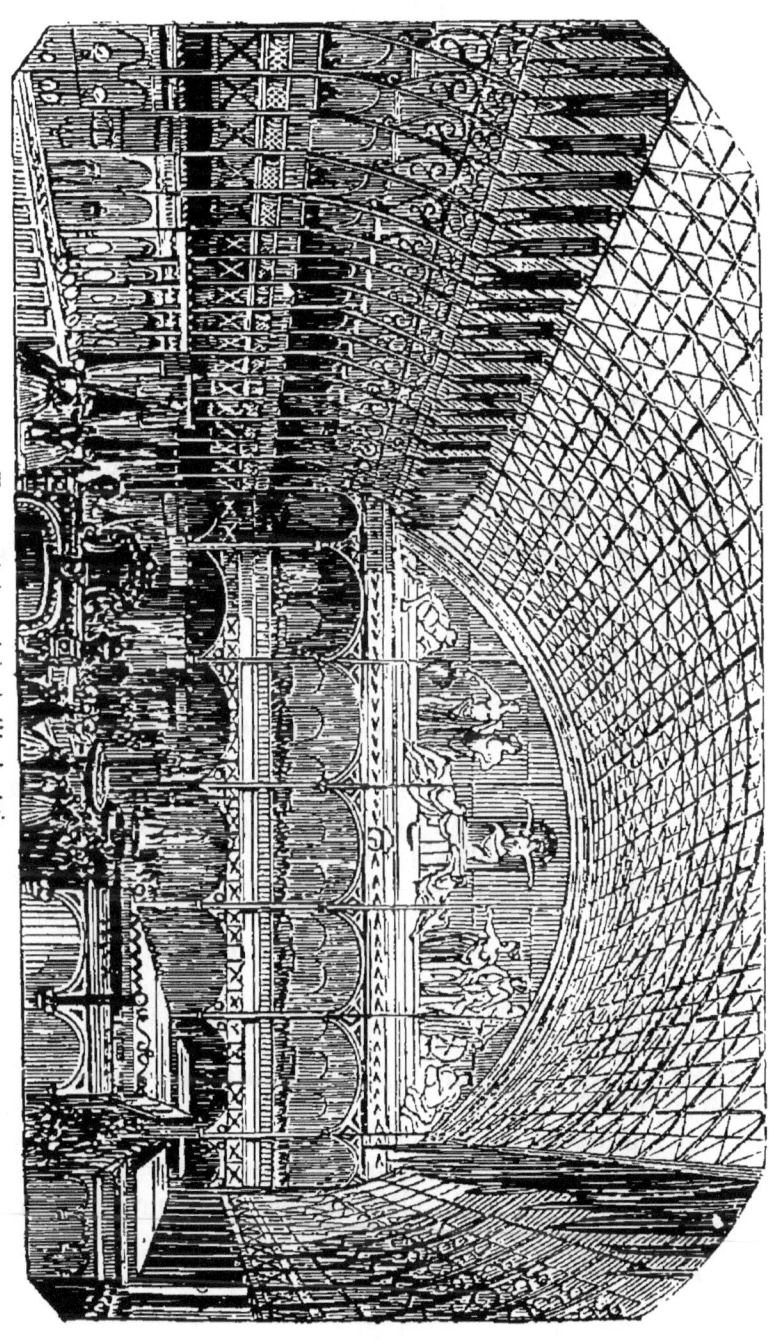

Transept du palais de l'Industrie.

En dehors de ce terrain de choix, la France, au rez-de-chaussée, occupe tout le côté nord de la salle, c'est-à-dire toute la partie située à droite et à gauche de l'entrée principale jusqu'aux limites du transept, ce qui constitue la moitié de cette partie de l'Exposition.

Les autres nations occupent toute la partie sud, c'est-à-dire l'autre moitié de la salle du rez-de-chaussée en dehors du centre neutre. Elles sont rangées à partir de la droite, autrement dit à partir de la porte de sortie se trouvant à droite du visiteur qui entre par la porte principale, porte placée dans le pavillon sud-ouest.

Le long du mur du palais, sous le plafond du premier étage, par ordre :

1° La Bavière et le Hanovre, la Bavière touchant à la France, le Hanovre dans le fond et à l'angle du Palais ;

2° Le Wurtemberg ;

3° La Saxe ;

4° Bade, placé en intermédiaire entre la Saxe et la Prusse ;

5° La Prusse ;

6° La Belgique ;

7° Les États-Unis ;

Et enfin 8° l'Angleterre, qui a elle seule occupe près de la moitié de la partie réservée aux étrangers au rez-de-chaussée, c'est-à-dire juste la moitié du terrain réservé à la France, qui dans la salle d'en bas a partagé exactement avec les expositions étrangères.

Au premier étage, la disposition du rez-de-chaussée se trouve en partie reproduite ; mais il n'y a pas de transept, et par conséquent l'espace se trouve réduit considérablement.

La partie nord, correspondant exactement à celle du rez-de-chaussée, c'est-à-dire la partie où sont les pavillons de la grande porte d'entrée, est également réservée à la France. Seulement, à droite et à gauche, quatre états de second et de troisième ordre se trouvent enchâssés dans l'Exposition française.

Ce sont, à droite du visiteur venant du nord, ou de la grande porte d'entrée :

1° Le Portugal ;

2° L'Espagne.
A gauche, toujours dans la même situation :
1° La Sardaigne;
2° Les États Pontificaux.
En faisant ensuite le tour de la galerie du premier étage à partir de la droite, c'est-à-dire en sortant de France par le pavillon de l'ouest, la porte centrale ou du nord étant toujours le point de départ, on trouve, comme États non représentés au rez-de-chaussée.
1° La Suisse;
2° La Hollande;
3° La Suède et la Norvége;
4° Le Danemark;
Dans la galerie ouest.
Puis, en tournant dans la galerie sud, on retrouve le complément des expositions du rez-de-chaussée.
D'abord l'Allemagne :
1° Bavière;
2° Bade;
3° Prusse et Zollverein;
4° Autriche;
5° Belgique;
6° Les républiques de l'Amérique du Sud;
7° États-Unis, complément du rez-de-chaussée;
8° Angleterre, qui au premier comme en bas occupe près de la moitié de la galerie sud. Au premier étage est l'exposition de l'Inde anglaise; celle des colonies est dans l'annexe.
Après l'Angleterre, on quitte la galerie du sud et on entre dans la galerie transversale de l'est, où l'on rencontre les curieuses expositions de l'Orient :
9° L'Égypte;
10° La Turquie;
11° La Grèce.
Une exposition italienne :
12° La Toscane.
Et l'on rentre dans la galerie du nord, c'est-à-dire dans l'exposition française.
Telle est la division générale du palais de l'Industrie, division qui donne à l'Angleterre, rien que pour

cette partie de l'Exposition, un quart au moins de la surface totale, et à la France une moitié seulement, proportion infiniment plus favorable à l'Angleterre que celle que l'on nous avait accordée à Londres. Les autres nations ont été également beaucoup plus favorablement traitées comme espace accordé, car il convient de joindre à cette partie toutes celles que nous trouverons plus tard dans les annexes.

TRANSEPT.

A partir de la porte d'entrée, on pénètre directement dans le palais à travers l'exposition de la terre cuite et de la verrerie française.

Nous allons indiquer les principaux objets que l'on traverse :

A droite, une fenêtre en brique avec ornements en terre cuite indiquant l'application de ce système mixte; une Chasse au sanglier, en terre cuite; une Léda et une grande reproduction de la Mnémosyne antique; toutes ces statues sont destinées à l'ornementation et grandement réussies à ce point de vue.

A gauche, il y a des modèles d'ogives et de portails gothiques pour églises, d'un effet bien saisi; puis, après le premier passage, une collection de figurines en terre cuite, et ensuite des poteries de couleur en relief, faites par Landais, à Tours, à l'imitation de Bernard Palissy.

Revenu à droite, on trouve des poteries émaillées d'argent, de grands vases imitation de Chine fond noir, arabesques rouges qui valent 100 francs pièce; puis enfin l'élégante exposition de Pollet et fils, imitation des modèles antiques en terre rouge, à la façon étrusque, mieux réussis que ceux faits à Naples.

Un large bassin orné de fleurs, avec un jet d'eau constamment en mouvement, répand une atmosphère fraîche sur les nombreuses banquettes, constamment couvertes de public, qui forment le tour de cette place centrale.

DE L'INDUSTRIE. 35

Vitraux de M. Maréchal, au palais de l'Industrie.

De ce point médian, on aperçoit se développer devant soi la nef telle que nous venons de la peindre, et l'on voit s'élancer au-dessus de sa tête cette immense coupole de glaces qui recouvre le palais.

Aux deux extrémités sont les deux immenses vitraux de M. Maréchal de Metz, qui ont été payés 90,000 francs. Ces vitraux représentent, l'un la France conviant toutes les nations au congrès de l'Industrie, l'autre l'Équité distribuant des récompenses aux vainqueurs.

Au-dessus de ces vitraux suspendus à la voûte flottent les pavillons de toutes les nations, qui planent sur l'Exposition et offrent le plus harmonieux coup d'œil. Au-dessus de ces pavillons se trouvent appliqués, à chaque ouverture de galerie, les écussons avec les armes de ces mêmes nations et de quelques villes ou contrées principales. Au-dessous enfin se trouvent les vitrines et les trophées contenant les expositions.

Maintenant, afin de pouvoir suivre un ordre précis sans lequel ni le visiteur ni le guide ne pourraient se reconnaître à travers ces immenses dédales, nous prierons notre lecteur de vouloir bien, sans s'arrêter d'une façon immédiate devant les vitrines, nous suivre à droite jusqu'à l'extrémité de cette Exposition française, qui forme le massif nord de la grande galerie dite transept.

Arrivé là, il se trouvera en présence de la vitrine qui contient l'exposition des tissus de Mulhouse, et nous partirons de là pour parcourir régulièrement toute l'Exposition de la France, se prolongeant jusqu'à l'autre extrémité de la grande galerie.

La vitrine de Mulhouse contient les étoffes de laine et soie pour ameublements et représente le département du Haut-Rhin à cette réunion du transept. La maison Gaspard Schlumberger est une maison dont le nom est célèbre dans cette industrie ; cette vitrine forme la tête de l'industrie des laines françaises, qui se trouve dans les galeries situées par derrière.

En face se trouve un candélabre d'église en cuivre doré, exposé par Carrier Rouge, de Lyon.

De la vitrine de Mulhouse, on passe à l'exposition

de différents modèles industriels et de machines; on voit au centre de ce trophée le modèle à jour de la grande usine de Saint-Jacques, dans l'Aveyron. Au-dessus de cette usine s'élève un modèle d'un pont en fonte qui est construit sur le Rhône; une machine pour verser la houille dans les bateaux; des modèles de grues, des appareils généraux de la mécanique appliquée à l'industrie; enfin des locomotives à six roues et une turbine fontaine.

En face de cette exposition se trouve l'exposition des bronzes de Susse, parmi lesquels on remarquera l'Enfant au cygne; une belle reproduction de la Vénus de Milo; la Pénélope de Cavelier; les trois Grâces de Germain Pilon, et un Arabe dans son burnous, statuette fort originale. A côté de Susse, on voit un autel en marbre et en cuivre doré, de Willemsens et Cie, à Paris.

L'exposition qui se présente ensuite est celle du zinc de la Vieille-Montagne. Cette immense fabrique a couvert son propre pavillon du métal qui en est l'objet; il a paru juste de la mettre au premier rang, tant pour la perfection de la matière que pour les nombreuses applications qu'elle en a trouvées : de longs tubes, des feuilles laminées, des doublages de navires, des ornements de porte, de balcon, de corniche, de croisée, des boîtes d'emballage, jusqu'à des clous; la société de la Vieille-Montagne a trouvé moyen de plier ce métal économique à tous les usages courants. Elle a fait plus, elle en a fait presque un métal artistique, et ces grandes statues sont là pour témoigner que les vestibules, les jardins, etc., pourront bientôt recevoir des ornements que la cherté du bronze interdisait aux propriétaires. Au fond de cette exposition se trouvent des dessins représentant les usines.

En face d'assez beaux bronzes, une Amazone combattant, de Moris frères, et un Lion dévorant un cheval, pièce de fonte considérable par Eck et Durand.

Vient la vitrine de Froment-Meurice.

On remarquera, dans cette riche exposition, une magnifique Léda en ivoire, d'après Pradier, avec des bijoux en diamants, enveloppée d'une draperie en or;

le cygne est en argent. Le prix est coté 25,000 francs.

On remarquera, sur le côté gauche, une crosse admirablement ciselée pour l'évêque d'Amiens. Sur le devant on voit une magnifique parure en camées antiques variés, composée d'une couronne, d'une broche et d'un collier, dont le prix est de 15,000 francs, et une parure en diamants, avec des malachites superbes. Ajoutez à cela quelques pièces d'orfévrerie sur une étagère; le portrait de l'impératrice en miniature orne le milieu d'une plaque.

En face se trouve une machine à calculer.

Le trophée qui suit est celui de la marine française. Il est couronné de drapeaux nationaux et orné de faisceaux de sabres, de haches, de coutelas et de piques d'abordage.

Le centre est occupé par deux canons : l'un est une pièce de 50, portant un boulet plein de 50 livres à 500 mètres; c'est le plus gros modèle de la marine française; l'autre est un obusier à la Paixhans, de 27 centimètres, lançant un boulet conique de 102 kilogrammes. Ces deux pièces sont à chambre et à batterie. Entre elles se trouve un petit mortier à la Cohorn.

En face, des modèles de fonte de fer.

Viennent les châles français. Au premier rang, ceux de Frédéric Hébert fils. On remarquera à quel degré l'imitation de l'Inde a mené nos fabricants qui, seuls dans le monde, luttent avec l'Asie dans cette exposition.

En face se dresse le phare érigé par le gouvernement en l'honneur de Fresnel, dont le buste est placé au-dessus de la porte avec cette inscription : AUGUSTIN FRESNEL, INVENTEUR DES PHARES LENTICULAIRES. On monte dans ce phare, composé de huit lentilles entourées de dix anneaux prismatiques. Une lampe à six mèches concentrées y donne la lumière de vingt-cinq lampes ordinaires; sa flamme a 7 centimètres de diamètre et brûle 750 grammes à l'heure. L'appareil met huit secondes à tourner, il est à éclipse, et la lumière est visible à une distance moyenne de 15 lieues.

L'extérieur du phare représente les différentes nations maritimes.

Devant la porte se trouvent deux joueurs de boules en bronze, reproduits d'après les originaux du Musée de Naples par M. Grault-Morly.

Le trophée d'horlogerie et d'instruments d'optique se présente ensuite.

Tout le côté droit du trophée est occupé par M. Wagner, horloger-mécanicien du boulevard Choiseul, qui a en France la spécialité des horloges des monuments publics. On en voit une de cette espèce dont les ressorts sont en fer peint. Le visiteur jettera un regard sur ces ressorts dont M. Wagner a le premier répandu l'emploi, et qui, pour les grandes pièces, présente une économie de solidité et de 20 pour 100 de dépense sur l'emploi du cuivre. M. Wagner expose encore une grande pendule dont la mécanique est à jour.

Henri Lepaute, de Paris, expose au milieu un grand phare lenticulaire (système Fresnel) commandé par le gouvernement des États-Unis. Il a été coulé et construit d'après le système de celui du gouvernement, c'est-à-dire à éclat et éclipse de dix en dix secondes.

Un autre phare plus petit, du même exposant, avec un appareil catadioptrique à feu varié par des éclats prolongés.

Sur la gauche, parmi des instruments d'optique, on voit une locomotive de M. Laudet, ingénieur, construite d'après un système nouveau dit *à retour de flamme*.

En face se trouve le fameux modèle du bateau à vapeur des Messageries nationales, le bateau à vapeur nommé *le Danube*. Il est construit avec une précision aussi complète que pour la grande exécution. Il a été fait sur les plans de M. Dupuy de Lôme, ingénieur de l'État, et sous la direction de M. Delacour, sous-ingénieur dans les ateliers de la Ciotat (Bouches-du-Rhône). Ce modèle est au quinzième de la grandeur du bâtiment, qui lui-même a

77m,00 de longueur.
10m,52 de largeur.
6m,32 de profondeur intérieure.
4m,23 de tirant d'eau au milieu.

Sa machine est d'une force nominale de 370 chevaux ; il file 13 nœuds à l'heure ou 24 kilomètres, et peut être chargé de 600 kilogrammes dans ses cales.

Ce petit modèle, exact dans toutes ses proportions, renferme à l'intérieur une mécanique qui fait mouvoir une machine semblable à celle du bateau et donne l'impulsion à l'hélice.

Le modèle a pris 7,000 journées de travail des meilleurs ouvriers.

Le trophée suivant est occupé par une seule maison : la maison Denière. La maison Denière est une des plus importantes de Paris pour la fabrication des bronzes.

Le haut de l'exposition est occupé par deux enfants de grandeur naturelle supportant des candélabres d'un grand goût. Au-dessous sont groupées des statuettes parmi lesquelles on remarquera une figure assise représentant l'Architecture et une fort belle pendule en marbre vert et noir.

Le Faust et Marguerite, et Roméo avec Juliette, qu'on voit au-dessous, valent 700 francs. Le pot à tabac a été modelé sur un pot en ivoire sculpté par Michel-Ange. Enfin le lustre en bronze, trophée de chasse valant 6,000 francs, la vasque portant un lustre avec trois enfants debout, de grandeur naturelle, de 11,000 francs, et un lustre oriental imité de l'Alhambra, sont les principales pièces.

Nous avons gardé pour la fin le beau service en bronze doré et cristal, de 50,000 francs, commandé par l'ancien ambassadeur russe à Paris, M. de Kisseleff.

En face, on voit une fonte réduite des deux chevaux de bronze de la place de la Concorde, par Moris fils, de Paris.

CARRÉ DU FOND.

Bronzes et objets d'art.

En arrivant à cette exposition de Denière, il convient pourtant de nous arrêter pour la première fois et de pénétrer un peu dans l'intérieur de l'Exposition française.

Derrière chacun de ces trophées qui étincellent ont été placés des carrés pleins des produits des mêmes industries. Ces produits, s'ils n'ont pas toujours tout l'éclat de ceux qui ont eu l'honneur des vitrines centrales, sont encore de premier ordre; de plus, c'est par leur ensemble qu'il est permis de juger du rang tenu par une industrie dans chaque nation; ensuite, cotés à des prix moins exorbitants que ces richesses exceptionnelles entassées dans les vitrines du premier rang, ils s'adressent à la bourse du visiteur et peuvent au moins lui servir de point de comparaison.

Nous prions donc notre lecteur d'avoir le courage de sortir du centre du transept et de parcourir avec nous chacun de ces carrés, à mesure qu'il aura passé devant les trophées auxquels ils se rapportent. C'est par cette visite qu'il arrivera à ne pas être obligé de revenir sans cesse sur ses pas, à mettre de l'ordre et de la suite dans le parcours de l'Exposition, et à connaître régulièrement de son ensemble.

Le premier carré qui se présente est celui des bronzes et objets d'art; c'est le plus considérable de beaucoup: il s'étend depuis le trophée de Mulhouse jusqu'à celui de Denière. Nous allons en faire le tour en y pénétrant par la porte contiguë à Denière, en suivant l'allée devant nous pour gagner le fond, et en le remontant par l'allée qui est la plus éloignée du transept, pour revenir à notre point de départ par l'allée parallèle qui confine aux trophées centraux.

En entrant, une série de pendules, de bronzes, etc., se présente; à gauche, l'exposition de Raingo frères, que nous retrouvons encore dans le transept en face de États-Unis. Ces fabricants ont là de beaux candélabres, formés de tulipes qui sortent de pots à fleurs ornés de bas-reliefs; un beau lustre au milieu.

Après avoir tourné dans l'allée, on remarquera des Danseurs napolitains (bronze); à droite, plus loin, au centre, un vase de fleurs, et deux Romains soutenant des candélabres.

La porte franchie, on entre dans la deuxième partie, où nous suivrons toujours l'allée de droite.

En face du passage, Grault-Morly a exposé deux candélabres colossaux vendus à l'empereur (Sauvages portant des enfants sur les épaules, piédestal en malachite); une Négresse avec une lampe, et un vase de bronze, à droite, avec plantes grasses, vendu aussi à l'empereur.

Dans l'allée, Lemaire expose une pendule bizarre avec bougies.

Dans le deuxième passage, en face, les beaux foyers de Morizot; à droite, de belles pendules de Popon, puis des statuettes de Laureau à très-bon marché.

En face sont des bronzes et des dorures d'église; à droite, une grande coupe soutenue par des enfants; puis, dans l'angle de l'allée, des tables, coffrets, meubles, petits bahuts, avec porcelaines peintes. Il y a un vase splendide au coin.

Enfin, à l'extrémité de cette course se trouve l'exposition d'Eck et Durand : une statue dorée de grandeur naturelle, pour tombeau, représentant l'Infante dona Françoise de Paule, sœur de la reine Christine d'Espagne, agenouillée sur son prie-Dieu. Cette pièce est d'un grand effet.

En face Eck et Durand est l'exposition de Miroy frères; puis nous prenons alors l'allée contiguë aux trophées, et nous revenons sur nos pas par l'autre côté des bronzes.

Remarquez, à droite, des médaillons de cire recouverts de bronze, industrie nouvelle (bon marché). En face est un beau Danseur napolitain de Roy. Puis vient l'application galvanoplastique.

On franchit le passage et l'on continue l'allée : à droite, on trouve de curieux spécimens d'application galvanoplastique au doublage des navires (industrie naissante); à côté, des fontes brutes curieuses à comparer aux fontes polies. Puis des jardinières à jets d'eau.

Dans le passage qui conduit au carré suivant sont de beaux vases, et, en face du même passage, des lustres en cristal (ancien goût).

En reprenant l'allée, une belle fonte de Danseur chez Gautier; puis à l'entrée, à gauche, des plateaux faits par la galvanoplastie; et enfin, pour terminer, à droite, de beaux candélabres portés par des femmes, de Marchand.

Nous sortons là, et rentrons dans le transept pour continuer notre course.

TROPHÉES DU TRANSEPT.

On passe au trophée des modes parisiennes : une immense vitrine est remplie de chapeaux, de plumes, de fleurs artificielles, d'ombrelles, de flacons, etc., etc., enfin de ces mille objets de toilette des femmes pour lesquels Paris est sans rival.

La description en serait inutile, sinon impossible, tout l'effet de cette exposition étant dans le goût plutôt que dans la matière ou la façon de fabriquer. Cependant un objet frappe au milieu des autres, c'est un grand manteau de cour blanc brodé d'or et de perles. A côté sont deux parures de diamants et perles et de diamants et rubis, de 6,000 et 80,000 francs, par Bapst. Il y a aussi deux beaux châles de la maison Gagelin, et des chapeaux de M. Brun.

En face, on voit un autel en cuivre doré de Bachelet, portant deux candélabres et un saint-sacrement argenté. Les douze apôtres remplissent les niches du soubassement. Le tout est orné de pierres précieuses imitées à la façon byzantine.

De là on passe à l'exposition de la porcelaine, sur laquelle on lit de nombreux noms, mais en tête celui de Creil et Montereau.

A droite, on verra des imitations du célèbre potier français Bernard Palissy, qui vécut au seizième siècle : des animaux, des lézards, des poissons couvrent des assiettes vertes et sont coulés avec leurs couleurs naturelles.

De là on remontera en haut pour admirer le beau vase en bleu foncé de M. Pepin-Lehalleur; le bleu est une couleur assez difficile à obtenir en porcelaine.

Des lustres en porcelaine à jour ornent le haut.

En face, on voit une grande vasque en faïence vert-sombre, entourée de guirlandes et de ceps de vigne en pâte blanche.

Une autre vasque, avec trois Enfants qui regardent dedans, est aussi dans le milieu, vis-à-vis.

Le dernier trophée enfin, se trouvant avant le rond-point qui sépare le transept en deux et marque le milieu de notre course, est celui des tissus légers.

Cette vitrine est remplie de baréges et de mousselines de Paris et de Saint-Quentin, d'une légèreté et d'un goût parfaits.

On voit, sur le devant de la vitrine, des échantillons de peignage et de filature.

Devant, dans le transept, est une belle fonte d'Eck et Durand : le Minotaure; puis l'on entre dans le carré.

CARRÉ DU FOND.

Porcelaine.

Derrière les trophées de l'industrie parisienne et de la porcelaine s'étend le carré de la porcelaine.

En entrant par les deux passages entre l'industrie et la porcelaine, en face, un peu à gauche, au milieu, on verra une belle exposition au centre de laquelle est un tableau représentant les Moissonneurs de Léopold Robert. En se retournant, on regardera une belle collection de vases, parmi lesquels deux de teinte bleu-sombre sont très-bien réussis.

Prenant ensuite l'allée à droite, en entrant, on trouvera, sur le côté droit, d'assez jolies applications du cristal, une pendule montée avec deux candélabres. Après avoir tourné sur la face du carré du milieu, il faut mentionner la belle exposition de Gilles, de Paris : une Vierge au milieu, un Cerf, et un groupe (le Repentir) de grandeur presque naturelle. De beaux tableaux en porcelaine peinte, non émaillée, sont à la muraille, au fond; des deux côtés, des reliefs de gibier sous verre. On remarquera le faisan par devant. Puis, en continuant, on jettera un coup d'œil, au détour de l'allée, sur les imitations de Chine de Reiset.

En sortant du carré, l'on se retrouve, dans le transept, devant la porcelaine, et l'on reprend sa route vers l'est, en repassant devant l'industrie parisienne.

C'est là que l'on quitte la première moitié de l'exposition française du transept; on traverse à nouveau le rond-point de la fontaine, dans lequel on a débouché en arrivant, et l'on trouve, du même côté, l'exposition des dentelles.

CARRÉ DU MILIEU.

Orfévrerie.

Avant de traverser le grand salon de la fontaine, qui forme le centre du transept, et d'aller visiter les trophées qui continuent la France du même côté, dans le transept proprement dit, nous prierons le lecteur de faire quelques pas à gauche dans l'allée par laquelle nous sommes entrés, et qui conduit à la porte de sortie; à droite et à gauche, il trouvera l'exposition de l'orfévrerie française, qui, presque au premier rang du transept, n'est écartée de la ligne centrale que par le rang des banquettes. Ce carré est éblouissant d'or, de pierreries et, nous pouvons le dire, de chefs-d'œuvre; en faisant le tour à main gauche, dans le carré dont Rudolphi occupe la tête, nous trouverons :

D'abord Rudolphi. Cette élégante vitrine, remplie d'orfévrerie d'argent oxydé, arrêtera longtemps le visiteur. Nous ne pouvons lui désigner les mille objets petits et grands dignes de ses regards : c'est à son goût à le guider; mais nous mentionnerons pourtant en face, à gauche, un magnifique bouclier, ou plutôt une plaque couverte de camaïeux ou peintures appliquées; de l'autre côté, un vase splendidement ciselé, du prix de 6,000 francs, qui tourne sur lui-même pour laisser voir toutes ses faces; à côté de ce vase, sur le revers de droite, un pot en ivoire sculpté, avec monture en argent, représentant des guerriers qui donnent l'assaut, et sur la planche, au-dessous de ce pot, un emploi original d'une grosse pierre bleue pour faire une façon de coupe. Dans les bijoux de toute sorte répandus par devant, on remarquera l'habile parti tiré par le fabricant de la malachite et du lapis-lazuli comme pierre d'ornement. Au côté gauche de la vitrine, on voit un bouclier, une amphore d'argent avec peintures bleues, et un fort joli reliquaire entre deux calices; au-dessous est une délicieuse aiguière avec son bassin. Le reste se compose de bracelets, broches, épingles, chaînes, etc.

Au retour, du côté droit, dans le carré qui environne Rudolphi, nous ne citerons que, côte à côte avec lui, un magnifique bouclier ciselé de toute beauté, et un vase porté par des enfants, au coin plus loin.

Si, après avoir examiné Rudolphi, nous traversons l'allée centrale pour venir vers la fin de l'orfévrerie, nous trouverons, en face d'abord, un bouclier représentant, en ronde bosse, une copie du Combat des Amazones, de Rubens; à côté, de beaux ornements d'église et un élégant service à thé dans le style oriental.

Dans ce petit carré du milieu, sur l'autre revers, Durand offre une fontaine à thé, qui est une des plus gracieuses merveilles de l'Exposition.

Dans ce carré également, Thouvet a exposé, à gauche, un livre de messe avec médaillons reproduits par la galvanoplastie; Delajuveny, de l'argenterie formée d'une feuille d'argent appliquée au bronze, dans une vitrine du fond.

Enfin, une couronne de l'orfévrerie d'église, et une grande variété de reliquaires.

Nous reviendrons dans la nef, aux trophées des dentelles.

TROPHÉES DU TRANSEPT.

Le pavillon de l'industrie des dentelles porte le nom de M. Lefébure.

On sait que la France fabrique, sous le nom de point d'Alençon, la plus belle dentelle et la plus chère du monde. Caen, mais surtout Bayeux, sont en lutte avec cette ville, au second rang de cette industrie.

La pièce du milieu est une immense robe en dentelle noire, qui a été choisie par l'impératrice des Français à la suite d'un concours ouvert entre les dentelliers.

A gauche, on voit également une robe en point d'Alençon blanc destinée, dit-on, à l'impératrice d'Autriche.

A droite, une fort belle aube. Tout autour, des volants, des voilettes, etc., de dentelle noire.

On remarquera aussi des pelotes d'un genre nouveau, avec des fleurs en relief.

Enfin, on comparera l'exécution des deux mouchoirs placés l'un à côté de l'autre et fabriqués, l'un à Alençon, l'autre à Bayeux, avec le même point.

Sur le côté droit se trouve une toilette tout en dentelle faite au fuseau.

En face, on voit un autel assez médiocre en marbre blanc.

Derrière cet autel on a disposé dernièrement un carré dont le milieu est occupé par un très-beau vase oblong de bronze, avec des bas-reliefs d'après Clodion, représentant des dieux marins, exposé par M. Ringuet-Leprince. M. Duvelleroy a exposé ses éventails à droite. On voit, sur celui du milieu, des portraits de la reine Victoria, du prince Albert et de la famille royale d'Angleterre.

La seconde exposition qui se présente après avoir franchi le centre du transept, c'est celle de la verrerie.

Les noms qui se lisent sur cette exposition sont ceux des grandes manufactures de Baccarat, Saint-Louis, Clichy et Paris.

Deux candélabres gigantesques, de plus de cinq mètres de hauteur, sortis de la fabrique de Baccarat, forment les pièces principales de cette exposition. Ces candélabres reposent sur un pied octogone dont chaque pan a 50 centimètres, et concourent à former une base de 4 mètres.

Le candélabre est soutenu par des appuis de cristal d'une seule pièce, recourbés en dehors. La partie supérieure se termine en dentelle de feuillage.

Le reste de l'exposition se compose de petits verres mousseline, de coupes rouge et or, de vases de porcelaine coloriés, de pots en biscuit, de vastes morceaux imités de Bernard Palissy.

Clichy a exposé un plat à couvercle vert tendre, avec médaillons.

Un narguillé de cristal, avec un coffre et deux grandes coupes imitant l'agate, complètent l'exposition de Saint-Louis.

C'est en face que se trouve placé le fameux diamant dit *l'Etoile du Sud,* exposé par MM. Halphen. Ce diamant, qui est des plus gros du monde, ne pèse pas moins de 125 carats $1/4$. On y remarquera pourtant la couleur jaune, qui ôte une partie de leur beauté aux diamants du Brésil, et que l'on ne retrouvera ni dans le *Régent,* ni dans le *Sancy,* diamants de la couronne de France, qu'on verra dans l'annexe. L'Etoile du Sud est entourée de magnifiques pierreries, améthyste, aigue-marine, topaze, chrysolite, agate, etc.

A Baccarat et à la porcelaine succède le trophée de Tahan.

Tahan est le plus célèbre fabricant de coffrets, petits meubles et jardinières en mosaïque et bois sculpté. Il représente l'ébénisterie et la tabletterie parisiennes.

Le fond de l'exposition est rempli par une grande bibliothèque en bois rouge, surchargée de cuivres dorés que nous trouvons un peu lourds à l'œil.

Nous préférons, à droite, le prie-Dieu en chêne sculpté, qui offre un bon goût exquis, et surtout l'armoire de gauche, avec le pommeau du milieu, en mosaïque de bois peint, représentant un grand oiseau d'eau.

Le devant de l'exposition est occupé par des coffrets, des boîtes à bijoux et une petite jardinière.

Mais ce qui doit surtout attirer l'œil du visiteur, comme l'objet peut-être le plus élégant de toute l'Exposition, c'est la grande volière qui se trouve en face de son trophée, et que l'on a placée au milieu du transept.

Cette volière imite le rustique avec le bois de chêne sculpté. Elle a au moins 15 à 18 pieds de haut. Le haut de ce meuble est formé par la volière proprement dite, qui, sous son fin grillage, montre des oiseaux exotiques, de charmantes petites perruches vertes, une colombe blanche, etc. Cette volière repose sur un trépied au milieu duquel se trouve un élégant bassin de cristal rempli de poissons rouges, et de ce trépied s'élèvent comme des branches de chêne sculpté qui vont, dans leur épanouissement, supporter des vases ronds remplis de fleurs et de plantes grasses; tout cela est assis sur un socle qui porte une caisse pleine de mousse.

Tel est l'ensemble de ce délicieux bijou, devant lequel le visiteur aimera à s'arrêter à plusieurs reprises.

CARRÉ DU FOND.

Verres et Cristaux.

Derrière les trophées des dentelles, de Baccarat et de Tahan, s'étend le carré de la verrerie.

En tournant à droite on voit des cristaux des Vosges, de Lyon et de la Meurthe, différentes lithophanies, puis les verreries de Pantin (Seine), et un grand lion combattant un boa constrictor. C'est un sourd-muet qui a fait la corbeille de fleurs que l'on voit ensuite. Puis enfin Baccarat.

Cette fameuse fabrique a là trois belles coupes, celle verte et or surtout; puis de grands lustres verts et roses d'une grande réussite de fabrication.

L'étalage entre les deux portes a deux beaux lustres bleus.

En face est l'exposition de Saint-Louis, avec une grande variété de coupes et de vases sur socle et sans socle.

On remarquera les lustres vert et bleu, et la balustrade en verre vert qui entoure l'exposition.

Un peu plus loin, la cristallerie de Clichy a de beaux vases bleus; celle de la Villette, qui occupe tout un côté du carré central, a une magnifique coupe rubis, qui est fort bien réussie. De là nous revenons au trophée de Barbedienne, dans le transept.

TROPHÉES DU TRANSEPT.

Le fond nous présente la réduction de la célèbre porte du baptistère de Florence. Elle a déjà été exposée à l'Exposition de Londres. On y remarquera l'admirable relief des personnages.

De chaque coté de cette porte, se trouvent deux trépieds argentés et dorés supportant des lampes copiées et arrangées d'après l'antique.

Le reste de l'exposition se compose de réductions et reproductions antiques et modernes : le Moïse de Michel-Ange qui se trouve à Rome dans l'église Saint-Pierre *in Vinculis;* l'Apollon du belvédère et le Laocoon, la Vénus accroupie, le Mercure de Jean de Bologne, le Penseroso, d'après Michel-Ange, à Florence; une magnifique réduction de la Vénus de Milo, le premier ouvrage de Barbedienne, édité en 1839; enfin une statue bien connue d'un jeune sculpteur, la Pénélope de Cavelier.

Toutes ces réductions sont d'après le procédé de M. Collas.

On voit parmi les mêmes objets de délicieuses feuilles couvertes de scarabées, comme baguiers, porte-cigares, etc.; une amphore charmante autour de laquelle se trouve enroulé un serpent, et des lustres suspendus au plafond.

En face se trouve un autel en marbre blanc, de l'établissement de décorations religieuses d'Angers

(Maine-et-Loire), de M. l'abbé Choyer, dont nous verrons une chaire gigantesque. On lit sur cet autel l'inscription suivante : L'EMPEREUR A LA FLOTTE D'ORIENT.

Le trophée de meubles parisiens vient ensuite : une armoire porte-fusils en bois de chêne présente un élégant assemblage d'attributs de chasse dans les panneaux, et de deux chiens de grandeur naturelle qui occupent les angles ; le meuble a été achetée 12,000 francs par S. M. l'Empereur.

Le grand buffet de bois noir orné de bronze doré offre un spécimen de l'emploi du poirier teint en noir, spécimen d'un goût sévère et réussi.

L'armoire, style renaissance, avec inscrustations de marbre, contraste par sa richesse avec ces meubles simples de matière première. Le canapé de 4,000 francs, le fauteuil de 2,000 francs et la chaise de 800 francs en bois doré et sculpté, sont de M. Jeanselme.

L'usine Tronchon a exposé, en face, des échantillons de corbeilles, vases, siéges, des kiosques, etc., en fil de fer peint. C'est elle qui fournit tous les meubles de jardin, pour Paris et les environs.

Le deuxième trophée de l'industrie parisienne qui suit contient l'exposition de vingt fabriques qui s'applique à plus de quinze industries diverses.

Une toilette en argent massif repose sur une table de bronze argenté. Elle ne compte pas moins de vingt-deux pièces et forme le centre du groupe.

Les bijoux de M. Lemeunier offrent, au milieu d'eux, le chapeau et les épaulettes du prince de Brunswick, étincelants de diamants, dont les épaulettes sont toutes recouvertes. Le bouton du milieu du chapeau est un brillant de 42 carats ; les deux autres pèsent chacun 20 carats, et leur valeur ensemble est de 100,000 francs. Le chapeau et les épaulettes valent ensemble 600,000 fr.

On verra, du même, la couronne officielle exécutée pour Leurs Majestés l'empereur et l'impératrice, qui se trouvent avec les diamants de la couronne, dans le Panorama.

Des sachets, des boites, des perles fausses, des porte-cigares, etc., etc., occupent le reste de la vitrine. On y voit des portefeuilles, de la papeterie de luxe, des poupées, des fleurs artificielles, et des gants.

On remarquera aussi au milieu une grande pendule représentant Sapho. Des éventails se trouvent autour, et, devant eux, un groupe en biscuit; enfin, au fond s'étale un châle de Biétry, commandé pour l'impératrice.

CARRÉ DU FOND.

En quittant le trophée de l'industrie parisienne, on pénètre par le passage situé entre cette vitrine et l'exposition de Barbedienne, dans un carré occupé par les fabricants de boîtes, coffrets, porte-cigares, carnets et autres petits meubles de luxe, dits articles de Paris. En suivant à droite la ligne de ces petites boutiques, on trouvera au milieu une grande armoire en bois sculpté, avec des enfants, des étagères à côté, puis des mosaïques avec malachite assez belles. Vient la vannerie de luxe, avec une corbeille de fil d'argent ornée de pierres.

Après la porte, les boîtes à parfums, puis les nécessaires, etc. On remarquera une belle table en mosaïque de M. Audot; suit la gainerie, les portefeuilles, porte-monnaie, etc., un monde de petits objets d'un goût charmant pour la plupart. M. Tabar expose des coffrets ornés de métaux et de médaillons. Dans la vitrine de M. Fenoux, on voit la reproduction du portefeuille rouge à l'N de Napoléon Ier; un peu plus loin, on rencontre une exposition occupée par Tahan, que nous avons vu dans le transept : coffrets de bois de rose, de marqueterie, etc.; puis les coffrets et nécessaires de M. Laurent : rose, écaille, ébène, nacre, etc.

Au milieu du carré, M. Guéret a exposé des miroirs, des boîtes, des étagères avec mosaïque de fleurs en bois. On remarquera la corbeille de mariage, à gauche.

Nous passons maintenant au compartiment central. Là est l'exposition des jouets d'enfants : on remarquera une chèvre qui bêle, un lapin qui bat du tambour et des poupées qui dansent. Au côté droit, sous un cylindre de verre, sont des pendules ornées de fleurs et d'oiseaux. Le mécanisme monté, les oiseaux se mettent à voltiger et à gazouiller très-distinctement ; un autre boit l'eau d'une source.

Le petit carré du milieu, qui se trouve à main gauche des jouets, est encore garni par les meubles de luxe, et le fameux Giroux en présente de nombreux spécimens ; une fort jolie volière forme le centre : autour se groupe une boîte à bijoux ornée de lapis-lazuli, grenats, etc., pleine de cachets ; puis un jeu d'échecs sur une table d'ébène, du prix de 1,200 francs, commandé par une dame russe pour Saint-Pétersbourg.

Dans ce carré, M. Audot a exposé un bureau pour dames, en bois de thuya d'Algérie, le nouveau bois français qui a pris ses lettres de naturalisation à cette Exposition. Au côté suivant est une boîte à châles en bois de rose et palissandre placée sur une table pareille ; ils valent ensemble 6,000 francs.

TROPHÉES DU TRANSEPT.

L'exposition qui suit est faite par le ministère de la guerre et forme une sorte de pendant à celle de la marine.

Le fond du pavillon est occupé par des armes blanches systématiquement disposées, présentant les spécimens des modèles en usage aujourd'hui dans l'armée française.

Il y a un faisceau de chaque côté, composé d'armes à feu d'infanterie et de cavalerie ; un troisième faisceau est formé avec des canons. Les canons du faisceau du milieu ont été construits sur les plans de l'empereur Napoléon III : ce sont des canons lançant également l'obus et le boulet ; ils permettent à l'artillerie de suivre les mouvements de la cavalerie et remplacent par une seule pièce quatre anciens calibres. Ce système a été employé à l'Alma et à Inkermann.

On remarquera, parmi les armes à feu, le mousqueton des cent-gardes, se chargeant par la culasse et auquel s'applique une longue baïonnette.

Les appareils placés à droite et à gauche du trophée, le long du panneau, sont des instruments de précision nommés fusils-pendules. Ils servent à mesurer la vitesse des projectiles dans une arme à feu quelconque, fusil, pistolet ou canon, avec des poudres différentes.

En face de ce trophée, on a placé une lunette de 24 centimètres d'ouverture (9 pouces). Son mouvement lui est donné par un mécanisme d'horlogerie.

A côté de cette lunette se trouve un baromètre étalon mesurant la pression atmosphérique à un centième de millimètre près, construit pour l'observatoire météorologique de Lisbonne.

L'exposition qui se présente sur le côté est celle de Huber frères. Ils ont exposé une cheminée en carton-pierre surmontée du buste de l'empereur; deux candélabres, supportés par des enfants de grandeur naturelle, forment l'encadrement de cette cheminée.

Extérieurement, des échantillons de la même fabrique donnent des spécimens d'ornement en carton-pierre, parmi lesquels, à droite, un encadrement pour glace.

On passe alors à l'exposition de l'imprimeur de l'empereur, M. Plon. Son exposition est formée par des spécimens d'impression typographique; les caractères les plus beaux sont des caractères arabes.

Derrière les expositions de la guerre, de Huber et de Plon, s'étend le carré formé par les expositions de la plastique en plâtre et en bois.

CARRÉ DU FOND.

Stéréotomie et plastique.

Ce carré contient principalement les œuvres, réductions et augmentations de la sculpture en plâtre et matières diverses, bois, etc.; en un mot, les produits de la plastique.

Dès l'entrée dans ce carré, la pièce qui frappe les yeux du visiteur, c'est une statue gigantesque de la

Vénus de Milo, augmentée par M. Sauvage et placée au milieu. Il a exposé également, devant, la même statue réduite par lui.

De là, si on se rend à l'entrée qui se trouve à côté du trophée de l'imprimeur Plon, en tournant à droite, on trouve d'abord des fruits imités en cire, des sculptures sur bois, des encadrements en carton-pâte, etc., puis une cheminée dorée, assez laide, qui imite le marbre par la peinture sur bois.

Après la porte, les ornements religieux, la statue de la Vierge et de l'enfant Jésus sont en sciure de bois. La loge du milieu est tapissée de papiers destinés à remplacer, avec économie de 200 pour 100, les cuirs en relief. Les deux portes et la chaire sont ornées en cuir.

Mme la comtesse de Dampierre expose à main gauche un écran fait de découpures aux ciseaux de papier et de cuir. Mme de Dampierre est sans rivale dans ce genre.

Après la porte, nous irons voir les portraits de la famille impériale sculptés en nacre, puis nous viendrons admirer la patience de Mme Rossi, qui a reproduit un véritable herbier de fleurs en coquilles marines.

Un peu plus loin est une vitrine remplie de bustes en sulfate de chaux blanc et rose pour remplacer le marbre.

La Société des arts industriels se rencontre après. Cette société s'occupe des reproductions en plâtre, par les procédés Collas; elle expose des spécimens de bustes : Mansart, Corneille et un grand nombre d'artistes.

On voit après des gravures nettoyées; puis un bouquet de terre cuite sous verre. De là nous arriverons à une grande vitrine remplie des merveilles de la sculpture sur bois faites par les paysans suisses : chalet, bergers, paysages, bêtes de toutes sortes, rien n'y manque. On remarquera une imitation du tableau de la Cène de Léonard de Vinci.

Plus loin, M. Stahl, mouleur du jardin des Plantes, a exposé des moulages d'histoire naturelle et des reproductions en plâtre de papier filigrané et de linge où l'on voit le grain et la trame.

Le moulage qui vient ensuite est fait à la gélatine et très-bien réussi ; enfin, après, les réductions magnifiques de Marchi et de son voisin.

En nous reportant au milieu, à droite de la Vénus que nous avons déjà décrite, est un beau coffre en os sculpté, orné de cariatides et surmonté d'une femme ; des médailles, puis des cadres dorés, un élégant bénitier sculpté sur bois ; un beau Christ en ivoire, de 4,000 francs, de l'industrie dieppoise ; des œuvres de Mme de Dampierre, en découpures ; des gravures sur boutons et sur médailles ; un bas-relief en ciment romain.

Nous arrivons aux coffrets : il faut s'arrêter devant la boîte à bijoux représentant un enfant qui combat un dragon ; les pieds sont en argent, les panneaux en acier incrusté d'or, le groupe en bois de poirier noirci.

On remarquera en face une cheminée en glace, faite pour augmenter l'éclat du feu ; puis, à droite, un surtout de table représentant une allégorie de la Paix, et enfin un beau bouclier repoussé de M. Lagnier.

TROPHÉES DU TRANSEPT.

Un immense faisceau s'élève ensuite, formé par un assemblage d'instruments de musique.

Le Goliath de cette exposition, c'est une immense contre-basse de huit pieds de hauteur, qui porte un chevalet mobile glissant sur le manche pour remplacer les doigts humains impuissants à le manœuvrer. L'archet est mû par un mécanisme. Elle l'emporte en grandeur sur la contre-basse ordinaire, autant que celle-ci sur le violoncelle.

Les instruments de cuivre forment les côtés. On a appuyé cette masse sonore sur le massif puissant des grosses caisses. Les pianos, enfin, où vous distinguerez les noms connus d'Erard et Pleyel, occupent humblement la partie inférieure, comme de simples accompagnateurs qu'ils sont.

Cette série de trophées et de vitrines françaises est terminée par un orgue exposé par Cavaillé-Coll.

Enfin, à l'extrémité de cette salle que nous venons de parcourir, avant d'entrer en Angleterre, on voit une glace immense sortie de la célèbre fabrique de verrerie de Saint-Gobain. Cette glace mesure 5^m,37 en hauteur et 3^m,36 en largeur, et par conséquent une superficie de 18^m,4. Elle a une épaisseur de 13 millimètres qui ne lui ôte rien de son admirable limpidité. Après avoir réussi à couler cette merveille, il n'a pas fallu moins d'efforts et d'habileté pour la transporter. On a construit une voiture spéciale.

Devant cette glace est un piano d'Érard, d'une richesse et d'un goût parfaits. Ce piano, couvert de peintures, d'incrustations, etc., est peut-être unique dans le monde pour la beauté de la boîte et la perfection de l'instrument.

Devant ce piano, se dressent les armures d'Édouard Granger, et à côté, de magnifiques reliures d'Engelmann.

Enfin, à l'extrémité de l'exposition s'élève un phare tournant, de Sautter et Cie.

Nous allons maintenant examiner, avant de passer à l'étranger, le carré situé derrière les instruments de musique.

Ce carré renferme les expositions de l'imprimerie française.

CARRÉ DU FOND.

Imprimerie et Reliure.

L'exposition qui domine ce carré est celle de l'imprimerie impériale. Sur une estrade élevée de plusieurs gradins, avec un fond de papier vert orné d'abeilles d'or, ont été placés tous les produits exposés par elle.

Ces produits sont :

Une collection de poinçons, de matrices, de caractères français et étrangers, maghrébins, telougous, ni-

nivites, éthiopiens, hiéroglyphiques, siamois, latins, grecs, arabes, etc., dans les angles des vitrines, et aux deux bouts, à droite et à gauche, au centre, en face et sur les tables près des entrées;

Des spécimens typographiques;

Une série de tableaux spécimens placés sur les parois de l'estrade, en l'air, au-dessus des vitrines;

Plusieurs volumes de la collection orientale et une centaine d'autres volumes, dans les vitrines qui règnent autour de l'estrade;

Un livre imprimé, avec ornements en or et en couleurs, à l'occasion de l'Exposition universelle;

Des cartes géologiques et géographiques gravées sur pierre et coloriées par impression, par derrière, sur les parois extérieures;

Diverses applications industrielles de l'électricité à la production des poinçons, matrices, ornements, etc., à gauche, au coin, près de l'entrée;

Différents genres de reliures, dans les vitrines;

A gauche, un exemplaire de l'ouvrage intitulé: *les Ouvriers européens*, par M. le Play;

Et enfin de petits modèles d'appareils pour le séchage et l'impression, dans une vitrine au-dessous de l'estrade, à l'extérieur.

Par derrière, en tournant autour de l'estrade, on remarquera une carte de sept départements de France, fragment de la grande carte dressée par le corps d'état-major.

Autour de l'imprimerie impériale se trouvent rangées les expositions des principaux libraires français.

En face, Mame de Tours, un des producteurs les plus actifs de la petite librairie et du colportage; entre autres, il expose un exemplaire sur peau de vélin, tiré à la mécanique, de l'ouvrage intitulé: *la Touraine*.

A côté est la vitrine de Firmin Didot, dont il faut remarquer les exemplaires classiques, ces célèbres éditions héréditaires dans sa famille, comme elles l'étaient dans celle des Alde et des Elzévir.

A droite est la vitrine de Claye, qui expose les gravures sur bois de l'Histoire des peintres; puis Furne, l'un des premiers éditeurs de Paris, où l'on remarquera les copies en gravure des Vierges de Raphaël, d'après le maître.

Puis ensuite M. P. Dupont, qui nous offre le portrait de Gutenberg, d'après le buste de David d'Angers ; puis des reproductions lithographiques de deux papyrus de Clotaire III, à gauche (658), et de Nicolas Ier, pape, à droite (865). La première est une charte, et la seconde une bulle portant des concessions à l'abbaye de Saint-Denis ; elles viennent des archives impériales. M. Dupont a encore exposé deux modèles de presse et de mécanique à rogner le papier.

Nous arrivons à M. Silberman, de Strasbourg, dont la bannière et les vitraux de la cathédrale de Strasbourg sont de beaux spécimens d'impression en couleur.

Plus loin, on rencontre les éditeurs de musique. Heugel a exposé son album des Airs de la reine Hortense ; viennent ensuite des reliures, des cartes géographiques, et enfin Curmer, qui a deux belles reliures : l'une ornée de médaillons de porcelaine avec peintures, et l'autre d'impressions en or fort élégantes.

Après avoir parcouru ce carré, nous avons terminé la première partie de l'Exposition française, et nous traverserons le transept pour aller visiter les expositions étrangères.

TROPHÉES DU TRANSEPT.

ANGLETERRE. — Le premier trophée anglais que nous rencontrons en traversant la nef, lorsque nous quittons les instruments de musique français et que nous nous préparons à la remonter dans le sens opposé à celui où nous venons de parcourir la France, est un trophée d'étoffes. Il porte écrit sur son fronton : *Exposition de la province d'Uster, par le comité de Belfast, Irlande*. C'est la partie des royaumes-unis consacrée à l'industrie irlandaise. Il se compose de lin sous toutes les formes, depuis la tige brute, le lin roui, cordé, teillé, jusqu'au plus fin filage. Au-dessus et à côté sont des broderies, des devants de chemises, des robes d'enfants, etc., le tout très-finement exécuté.

En face se trouve placé le phare anglais, à double révolution et à verres concentriques.

Le trophée qui suit est celui de Sheffield. Il est composé de cheminées en imitation de marbre et en métal; on y voit les bustes de l'empereur des Français et de la reine Victoria.

En face s'élève une jolie porte en fer forgé pour église, et une fontaine en fonte.

Le troisième trophée est celui de Manchester. Il est composé d'étoffes de soie, d'alpagas et de mousselines de laine.

En face est une belle fonte : le Tueur d'aigles, par John Bell, et par derrière le magnifique candélabre en cristal, de 25 pieds, exposé par John Bell de Birmingham. Les ornements principaux de ce candélabre sont des pendeloques qui ont plus d'un pied de longueur. Les bobèches ont 8 pouces de diamètre. Il est pur d'éclat et très-léger de forme.

A côté du Tueur d'aigles est une armoire à glace, de Trollop et fils, en bois jaune incrusté de marqueterie représentant des guirlandes de feuilles vertes. Ce vert est la couleur naturelle du bois incrusté.

CARRÉS DU FOND.

Derrière ces trois trophées est un carré formé par la fameuse coutellerie et les instruments d'acier anglais; derrière, dans le carré du fond, sont tous les aciers bruts et travaillés; enfin des fers et des meubles, au mur.

A gauche du carré du devant sont des broderies d'Irlande et des étoffes de lin.

La galerie qui sépare les deux rangs de carré dans toute leur longueur est occupée par les tissus de laine anglais.

TROPHÉES DU TRANSEPT.

Le trophée suivant, est occupé par la ville de Colport, dans le Shropshire, et par Londres. John Rose et Danieli sont les deux exposants ; il est fait en forme de grand carré de verre et rempli de porcelaines du plus charmant effet.

Sur le devant, en bas, sont les ustensiles de toilette ; dans la vitrine, au milieu, un grand service fait pour la reine lors du banquet offert par la corporation de Londres, en 1851. Puis au retour, à droite de la vitrine, dans le second compartiment, des cristaux de mauvais goût qui encadrent un charmant petit service bleu avec figurines en biscuit.

Dans l'intérieur sont des plats fond or avec grisailles, dans des caisses.

En face sont placés une bibliothèque et un bureau en bois de chêne travaillé, d'Holland et fils. A côté, un grand meuble de bois doré avec bois de rose, marqueterie et panneaux peints qui représentent des Amours et une femme. Au-dessus, une glace à cadre doré et sculpté en forme de colonnes, portant une corniche soutenue par des enfants.

Le trophée suivant porte le nom de Copeland, poteries du Stafforshire. En haut de l'exposition, au milieu, est un grand vase rose, avec ornements et arabesques en biscuit blanc. On regardera les deux tonneaux des angles, à arabesques et fond bleu ; à l'avant-dernier gradin, à gauche, trois petits vases rouges d'un goût exquis ; puis en bas, précisément au-dessous, des vases imitation de l'Inde, avec leurs pendants ornés de pierres à l'autre bout, sous un cylindre. Ces vases sont des imitations de porcelaines d'émaux. Il en est de même du petit thé tête à tête que l'on voit sur la partie gauche en tournant, et qui a été exécuté pour la reine d'Angleterre.

En face sont une série d'instruments envoyés par l'observatoire de Greenwich : son cercle méridien, etc.

A côté, un élégant canot à quatre avirons, de noyer poli et d'acajou, envoyé par Searle et fils, de Londres.

CARRÉS DU FOND.

Le carré situé derrière Coalport et Copeland contient la porcelaine, qui se prolonge jusqu'au fond.

Dans le premier carré on voit de nombreux services de cette porcelaine bleue et blanche (façon japon) dont les Anglais ont le secret. A droite, dans le milieu, un service de tasses à thé rose et un bleu sont charmants.

Au fond, à gauche, de belles imitations de chine et japon de Francis Morley et Cie; deux beaux vases bleu et blanc au centre forment pendant sous des cylindres d'une jardinière de faïence à griffons au milieu. A gauche, de belle porcelaine bleue et blanche de Wegwood; à droite, des parquets en faïence (mosaïque), et derrière, d'immenses cornues de grès.

Au fond, le long du mur, des meubles de luxe anglais.

TROPHÉES DU TRANSEPT.

Le trophée suivant est écossais; il porte le nom de la ville de Glasgow et du fabricant Dalgliss Falconer. Il est composé de baréges et de mousselines.

En face sont des appareils à plongeur de toute dimension avec la pompe à air par derrière.

A côté est le trophée de l'amirauté d'Angleterre, qui s'élève à près de 40 pieds de haut. Le centre en colonne est surmonté d'un globe terrestre et orné d'ancres, de câbles de fer et de toutes sortes de pavillons anglais et coloniaux. Par devant, sur la première planche, est le modèle d'une machine oscillante à aubes de 500 chevaux, destinée à un bateau à vapeur. A droite de cette machine, un système d'ancre avec ses attaches. A gauche de la machine oscillante est un système de carreau de navire avec fermeture à vis, puis un modèle de bateau à aubes, et le modèle du phare des îles

Scilly (Islande), exposé par la corporation de Trinity-House. A côté, en tournant toujours à gauche, sont deux ceintures de sauvetage en toile à voiles qui sont remplies de liége quand on s'en sert ; puis le modèle d'un entrelacement de charpente maritime ; au-dessous, sur le panneau, le modèle coupé en deux de *l'Himalaya*, 3,550 tonneaux, 700 chevaux (Compagnie péninsulaire); sur la planche, un système de mâture et un de fanaux ; au-dessus, une ancre de demi-grosseur et des cordages. Puis deux modèles de phares fort jolis, bâtis sur pieux à vis (système Mitchell) et peints en rouge, celui de Gunfleet et celui de Matlin ; sous verre, une galère dorée et pavoisée, la barge de parade du lord maire de Londres ; enfin, pour finir la face postérieure, le modèle du navire en fer de 120 tonneaux, *Fairy*, construit pour la reine Victoria par Mare et Cie.

Le dernier côté de ce trophée est occupé par une série de modèles suspendus derrière lesquels est placée une grosse ancre avec sa chaîne de fer et son support.

De là nous revenons au trophée de Birmingham, sur le côté du transept. Il est composé d'ornements de cuivre divers, lustres, chandeliers, tuyaux à gaz, etc., et de meubles en papier mâché imitant la laque avec incrustations.

En face est une machine française qui sert à la typographie mécanique : c'est une espèce de piano dont, en touchant les touches, on fait tomber les lettres dans un composteur placé devant. Elles s'y placent seules.

Derrière cette machine est un modèle de bateau à vapeur à pompe en arc pour marcher à grande vitesse avec l'hélice, même dans les plus gros temps. Deux habitacles avec deux boussoles l'entourent.

CARRÉS DU FOND.

Le carré adossé à Bradford contient la sellerie, en face les lanternes, à droite des draps et de la quincaillerie.

A gauche, derrière le trophée de Birmingham, sont des meubles imitant la laque avec le papier mâché verni et peint, des spécimens de porte-plume, cigares, etc.; plus loin des aiguilles, puis du plaqué, et enfin, au fond, de la quincaillerie et des fusils à hameçon pour la pêche à la baleine.

TROPHÉES DU TRANSEPT.

Le trophée anglais suivant est celui de Bradfort et Halifax. Il est composé de tapisseries et de tissus de laine. Il y a de beaux dessins écossais au centre.

Le trophée qui vient après est celui de Wolver-Hampton. Il est composé de bains, plateaux, cuvettes, meubles, chandeliers, etc., en tôle peinte et vernie.

En face sont des bronzes et une cheminée de la maison Elkington, Mason et Cie, en galvanoplastie. La cheminée, faite d'après des modèles antiques, est surmontée d'un délicieux lustre doré, appliqué au milieu de la glace, et dont des enfants tiennent les cordons qui paraissent tourner sur une roue.

CARRÉS DU FOND.

Elkington.

Dans la vitrine à droite on remarquera deux candélabres formés par deux Indiens, deux autres avec cornes et pierres d'Irlande sur les soubassements. Ces derniers ont un cachet tout britannique et sont admirablement ciselés; puis douze candélabres appartenant à la reine; ensuite des prix de course, 1853 : la reine Henriette, allant retrouver Charles Ier, rencontre le prince Rupert, 1854, etc. Une foule d'autres objets, salières, baguiers, encriers, plats, remplissent cette vitrine.

Au centre est un grand service en métal blanc argenté par le procédé électro-chimique. La pièce principale représente une Fête d'Anacréon.

Puis, vers la vitrine à droite, tous les objets de ménage, théières, plats, sucriers en métal blanc, etc.

Enfin un grand surtout de table par M. Grant, dont la pièce principale représente une scène de la Tempête de Shakspeare.

Devant le trophée enfin, la même maison Elkington, Mason et Cie, qui s'est mise à fondre le bronze, a exposé aussi.

Une Lesbie, un buste de l'empereur à droite et un de l'impératrice à gauche, et deux groupes de l'histoire d'Angleterre.

Le trophée suivant est occupé par un Français, Maurice Meyer de Paris, orfévre de l'empereur. Il a de belles tabatières à l'N avec diamants, à gauche un beau service en vermeil avec plateau, à droite deux sucriers et une théière.

En face on voit un cuivre galvanoplastique d'Elkington, représentant la reine Boadicée jurant de venger les Bretons, puis la chèvre Almathée, du même.

CARRÉS DU FOND.

Le carré qui vient ensuite est occupé par les meubles parisiens. On remarquera contre la muraille, à gauche en venant du fond, une belle cheminée de marbre vert; et à droite en face, un petit meuble en chêne sculpté avec deux fauconniers aux angles et des panneaux en bois doré avec peinture; au milieu, un beau vase formant candélabre.

TROPHÉES DU TRANSEPT.

Le dernier trophée enfin est partagé entre les États-Unis et la France. A gauche, Samuel Colt a exposé ses fameux pistolets revolver, dont la partie inférieure tourne devant le canon et présente jusqu'à six charges successives. L'autre moitié de l'exposition est occupée par Leroy, ancien horloger français, établi maintenant à Londres. Il a de belles montres enrichies de pierres fines, et deux pendules à colonnes de cuivre et de porcelaine coloriés.

En face est l'exposition de Raingo frères, où l'on remarquera deux enfants portant des candélabres dorés.

Arrivé là, on a de nouveau parcouru la moitié du transept; on traverse la place centrale d'où s'élance le jet d'eau, et l'on entre en Belgique.

Belgique. — La première vitrine de l'exposition belge que nous rencontrons est celle de l'armurerie.

Naturellement cette vitrine porte au frontispice le nom fameux de la fabrique de Liége. Lepage, Rauk et fils, Dandoy, et Malherbe et Cie, s'en partagent les tablettes. Il n'est guère possible de citer autrement qu'en masse cette exposition d'armes à feu, carabines à tige, fusils de chasse à un et à deux coups, pistolets de tir et de combat, canons à rubans, fondus, battus, ciselés damasquinés, etc. On remarquera pourtant les spécimens de pistolets d'une dimension si exiguë qu'il n'atteignent pas plus de 10 à 15 centimètres de longueur. Ces petites armes, qui fonctionnent comme les grandes, sont des chefs-d'œuvre de précision dans l'espèce et coûtent fort cher; on en voit de 60 francs, de 80 francs, et une façon de revolver en miniature n'est pas coté moins de 125 francs. On remarquera aussi un pistolet à 24 coups dans la tablette d'en bas à gauche.

En face de la vitrine des armes, s'élève une grande glace de la fabrique belge de Floreffe.

La vitrine qui suit est remplie d'ornements d'église; des chasubles, des chapes, des mitres en soie brodée d'or, placées sur des mannequins.

En face on a placé, comme pour ne pas sortir des sujets religieux, un autel en bois sculpté de MM. Goyer frères, du prix de 5,000 francs.

Derrière se trouve l'exposition de M. Miesbach, terres cuites, ornements, statues, etc. On y remarquera un buste de l'empereur d'Autriche et un médaillon très-ressemblant de Radetzki.

La vitrine suivante, dernier trophée de la Belgique,

est occupée par M. Biolley fils, et contient des draps. On connaît l'importance de la fabrique belge pour cet article.

En face s'élève une sorte de niche à jour en bois sculpté, portant une Vierge avec l'enfant Jésus, également en bois. C'est une œuvre très-fine et très-élégante, d'un goût parfait.

Derrière se trouve un vase en biscuit, puis une chaire hollandaise d'une exécution très-remarquable et dont le travail a exigé trois ans.

CARRÉS DU FOND.

Belgique. — Le premier carré de la Belgique, où l'on pénètre par les portes situées entre ses trophées, est occupé par les draps de Verviers et par les armes à feu de Liége.

Au milieu de la salle s'élève un carré occupé par des draps, et dans ce carré est dressée une tente où la fonderie de Liége a placé ses produits. Au fond est une armure de chevalier en zinc ciselé. Par devant sont : un obusier de campagne, des canons de 6, de 12, de 24, et un mortier. De l'autre côté (côté de Lepage) est, au fond, le buste en bronze du roi Léopold, puis un obusier de 60, un canon de 24 très-court, deux autres canons dont le plus gros pèse 24,811 kilogrammes, et des fusils de rempart.

En continuant sa route vers le fond, on trouve des filatures et de nouvelles armes, cette grande industrie belge, qui exporte pour 15 millions de francs ; puis une grande salle remplie par la bonneterie, les soieries, les laines et les toiles. Les dernières, dites toiles de Flandre, sont surtout remarquables. Vers le mur, on rencontre des meubles ; puis, en sortant, à droite, un immense parquet.

Viennent ensuite les poteries et terres cuites ; puis, en arrivant à la galerie transversale du Panorama, sont les produits métalliques, où nous retrouvons la Vieille-

Montagne, qui a sept établissements en Belgique, huit en Allemagne et trois en France; puis des cordages, des coffres forts; et enfin, en rentrant dans la salle qui précède, de nouveaux produits métallurgiques.

De là nous regagnerons le transept pour aller examiner les trophées autrichiens.

TROPHÉES DU TRANSEPT.

Autriche. — Le premier trophée de l'Autriche est consacré à la porcelaine; il a été composé par la fabrique impériale de Vienne.

Quelques beaux vases imitation de chine, des statuettes, des porcelaines adaptées aux divers usages, toutes d'une belle fabrication comme pâte et assez belles de couleur, mais d'un dessin peu agréable et de formes bien inférieures aux formes françaises et anglaises.

On remarquera pourtant, à gauche, un service à thé, imitation de chine, qui a été donné à l'impératrice Sophie par l'empereur François-Joseph son fils.

En face du trophée de la porcelaine, on voit une ravissante toilette en marbre de Carrare. Le grain du marbre est d'une blancheur éblouissante.

Toute cette œuvre a été exécutée par M. Isola Giovanni de Carrare, professeur de sculpture à Massa.

Les deuxième et troisième trophées sont composés exclusivement de verrerie de Bohême.

Deux grands vases dorés, couleur de rubis, sont placés aux angles.

Le reste est composé d'une foule de verres, de coupes, de vases à fleurs en verre, de petits cabarets, de verres d'eau.

Rien n'est plus brillant que les couleurs et les tons employés dans cette belle fabrication, dont la limpidité n'a pas de rivale dans le monde.

Le trophée suivant nous offre des spécimens de la même fabrication, sur lesquels nous ne saurions donner d'autres détails; nous ferons remarquer toutefois cette couleur blanche du verre de Bohême qui tourne au jaune, tandis que le même coulage, chez les autres nations, tourne au reflet noir; cela vient de ce que les Autrichiens fabriquent leur verre au bois, tandis que nous et les Anglais le fabriquons au charbon.

Un télescope, envoyé par l'Ecole polytechnique de Vienne, occupe la partie du milieu qui fait face à ce trophée.

Derrière ce télescope, un pyroscaphe autrichien, nommé *Frantz-Josef*, fait pour la navigation de ce fleuve, se distingue par son tirant d'eau, qui n'est que de 1^m,22, quand il est chargé. Ce bateau à vapeur est peint en blanc, couleur nationale de l'Autriche, et réchampi de filets dorés.

A quelques pas de là, on voit un bouclier sous verre.

Ce bouclier, en acier ciselé, a été donné par l'armée autrichienne au comte O'Donnel, le sauveur de l'empereur François-Joseph, lors du dernier attentat commis sur sa personne. Il porte l'inscription : L'ARMÉE AUTRICHIENNE AU SAUVEUR DE L'EMPEREUR, COLONEL COMTE O'DONNEL.

Derrière ce bouclier, on voit des bronzes de M. Kitehele, parmi lesquels un beau vase noir; et l'on passe de là au quatrième et dernier trophée de l'Autriche.

Ce trophée contient, outre des pièces de verrerie, plusieurs boîtes élégantes sur les derniers gradins.

En haut se trouve un spécimen d'électrotypes, spécialité de l'imprimerie impériale de Vienne. Des ateliers se trouvent ajoutés à cette imprimerie pour ce genre d'application de l'électricité, qui a pris, en Autriche, une extension plus grande qu'en tout autre pays. Ce bas-relief est tiré de la Bible.

Les verres de Bohême occupent le reste de ce trophée. Les plus curieux sont les verres avec des gravures blanches et bleues sur fond jaune, autre spécialité des manufactures de vitrerie autrichienne. On admirera la finesse avec laquelle les dessins sont reproduits dans ces façons de médaillons qui se détachent au milieu du verre, surtout au centre de ceux dont la couleur rubis est, par l'éclat de ses tons, la limpidité du cristal, un apanage exclusif de la Bohême. Les deux grands vases dorés qui ornent les extrémités en sont deux beaux spécimens.

CARRÉS DU FOND.

Autriche. — Le premier carré autrichien contient, à gauche et à droite, les tissus de Cosmano et de Prague en Bohême. Ce sont des étoffes communes et peu séduisantes.

Au centre est la porcelaine, située derrière le trophée du transept. Rien de bien remarquable ne se voit dans cette fabrication.

Au fond se trouvent des photographies et des aciers.

Si de là on passe dans le deuxième carré situé à droite, on trouvera tout autour des spécimens d'imprimerie et de reliure; mais à droite s'élèvent les magnifiques épreuves de l'imprimerie impériale de Vienne : la chromolithographie, les planches d'histoire naturelle, de superbes photographies d'après l'empereur actuel François-Joseph Ier, la chromotypographie, sont surtout remarquables. En face, à gauche, en faisant le tour, se trouve de l'orfévrerie, et les emplois divers des fameux grenats de Bohême, dont on voit un grand nombre bruts ou montés.

En quittant cette salle et en pénétrant dans celle du fond, on trouve le plus magnifique assortiment de pipes et porte-cigares en ambre et écume de mer qu'il soit possible de voir. Autour sont des jouets d'enfants, des boîtes, des objets de bimbeloterie. Le reste de l'exposition autrichienne, jusqu'au mur, est occupé par des lainages et des draps.

De là nous revenons au transept pour visiter la Prusse.

Prusse. — L'exposition prussienne se présente sous un aspect infiniment plus orné que celle des autres pays, surtout comme ensemble.

Une espèce de grande décoration en velours rouge,

avec des draperies à crépines d'or se relevant sur des piliers, forme le coup d'œil de l'exposition, entremêlée tour à tour de passages et de trophées.

Le premier de ces trophées est celui de la manufacture royale de porcelaines de Berlin, établissement qui doit sa célébrité à son art de colorier la faïence.

Une grande coupe bleue forme le centre du trophée; une autre, par devant, est soutenue par trois figures allégoriques. Quatre autres coupes forment les angles.

Le portrait de Frédéric le Grand enfant, sur fond vert, se voit sur la coupe du haut.

En face, on s'arrêtera surtout devant six grands vases, six merveilles de céramique. Ceux fond blanc, avec de simples médaillons, représentant l'Histoire et la Tradition, sont d'un goût admirable; la simplicité de la dorure, la pureté du grain, les signalent aux connaisseurs. Les deux vases à sujet biblique sont plus ornés, mais moins purs; on remarquera pourtant la dorure au feu et les couleurs.

L'exposition que l'on trouve ensuite est celle des glaces d'Aix-la-Chapelle.

Deux vases élégants, très-dorés, forment les deux côtés de l'entrée et comme le péristyle d'une glace d'une eau magnifique et d'une grandeur colossale, dans laquelle se reflètent des lustres en porcelaine représentant des feuillages mêlés de fleurs.

Le trophée suivant contient des poteries. Le grès fin, décoré de couleurs et de métaux mélangés (or et platine), en forme la matière.

Devant ce trophée et jusqu'à l'extrémité de l'exposition prussienne, on voit tour à tour des cerfs et autres pièces d'ornement à très-bon marché, en zinc recouvert de cuivre par la galvanoplastie. Les deux cerfs dorés valent 1,900 francs.

Derrière eux s'élèvent des sculptures et des ornements gothiques empruntés à la cathédrale de Cologne, cette œuvre immense à laquelle toutes les générations allemandes travaillent tour à tour. De belles photographies, placées sur le piédestal, montrent la cathédrale sous ses différents aspects et l'état des travaux.

En face se trouve naturellement l'exposition du seul, du vrai Jean-Marie Farina, quoiqu'il y ait trente autres exposants dans l'annexe du bord de l'eau qui revendiquent et le même nom et la même authenticité.

De là, en avançant toujours dans le centre du transept, on rencontre une statue en bronze de 2 mètres de longueur; c'est la statue du roi Frédéric-Guillaume III, père du roi actuel, en costume Romain. Elle est exposée par l'Ecole des arts et métiers de Berlin. Elle est ciselée et incrustée d'or et d'argent pour une valeur de 6,750 francs. Le prix total est de 25,000 francs. Elle est destinée à l'Ecole des arts et métiers de Berlin.

Nous arrivons enfin au dernier trophée prussien, en revenant vers le côté du transept, dernier trophée qui porte aussi sur son frontispice le nom de Bade.

Ce trophée est occupé par les broderies de fabrique saxonne. La curiosité du travail poussé à une délicatesse extrême, et le bon marché de la broderie qui, en France, est d'un prix exorbitant, sont remarquables.

On verra, parmi les tableaux à l'aiguille, le portrait du roi de Saxe et celui de l'empereur; parmi les broderies, des gilets de velours brodé à 20 francs, d'autres en coutil brodé à 5 et 6 francs; des merveilles de broderie sur soie blanche avec des cheveux, etc.

Le visiteur se trouvera ainsi arrivé au bout de sa longue course dans le transept, et il ne lui restera plus qu'à jeter un coup d'œil sur la bizarre exposition de M. Diebitsch, qui a reproduit en zinc, recouvert de cuivre par la galvanoplastie, une foule de modèles arabes de l'Alhambrah, chargés de fleurs, de mousses et de verdure.

CARRÉS DU FOND.

Prusse et Bade. — On pénètre dans cette exposition par le premier passage laissé entre les trophées du transept, et l'on se trouve dans un premier carré orné en velours rouge et de carton-pâte, avec non moins de luxe que la façade.

Le centre de ce carré est occupé par un clocheton en bronze destiné à servir de monument funèbre, et vendu 3,500 francs; de chaque côté, en largeur, se trouvent deux fontes de cuivre.

A gauche, le carré prussien nous offre d'abord, dans la partie la plus rapprochée de la porte du milieu, en venant du transept, des échantillons d'orfévrerie, des calices, des ostensoirs; dans la vitrine qui se trouve au milieu des bronzes, entre autres, un délicieux éventail en bronze fondu, de 75 francs, innovation charmante; sur la muraille, des reproductions curieuses des monuments prussiens, également en fonte, exposées par les forges royales.

En face est une vitrine remplie d'objets d'ambre jaune, industrie particulière à la Prusse, qui recueille le succin sur les bords de la Baltique.

Le milieu de ces gradins est occupé par un double paravent en papier mâché, revêtu de vernis et couvert de peintures.

En face de cette exposition centrale, un nouveau pavillon de velours rouge contient l'exposition de l'orfévrerie et de la galvanoplastie.

Les bracelets et les bijoux de gauche offrent peu d'intérêt. Il n'en est pas de même du magnifique bas-relief en argent fin obtenu par la galvanoplastie qui se présente après.

La Prusse s'est énormément occupée de l'application de la galvanoplastie à l'industrie, et l'imprimerie royale de Berlin a des ateliers spécialement affectés à l'application de l'électricité à la reproduction des types. Nécessairement, le pays a suivi cette impulsion, et ce bas-relief est un des plus beaux résultats obtenus.

Il représente des figures allégoriques présentant les produits de l'agriculture et de l'industrie au roi et à la reine de Prusse.

La vitrine après nous offre, toujours en galvanoplastie, deux coupes de chasse en forme de hures de sanglier posées sur un piédestal en corne d'élan; puis la reproduction d'une belle médaille (face et revers) de M. Rausch de Berlin.

Entre cette vitrine et la suivante est un charmant petit ostensoir et une croix.

La vitrine suivante est occupée par l'orfévrerie.

On ira droit au milieu, à un magnifique missel relié en argent ciselé, doré, peint. Les armes de Prusse forment le centre, de petits écussons avec d'autres armoiries du royaume s'enchaînent au pourtour; le milieu est occupé par des ronds entrecoupés les uns des autres, au centre desquels sont de petits aigles noirs dans des rayons.

A l'extrémité hors des vitrines, à gauche, est une coupe élégante en or et argent avec des vues ciselées. Enfin, en dehors, à droite en sortant, sur une table, est une façon de fontaine en bronze ciselé et doré, du prix de 8,000 francs.

On passe, à droite, dans la partie consacrée aux armes prussiennes.

On sait la célébrité des armes blanches de la Prusse, connues sous le nom de Solingen, premiers produits de la fabrication européenne.

La première de toutes les panoplies présente les échantillons des casques et des cuirasses employés dans l'armée prussienne. Plusieurs de ces cuirasses, destinées à la garde royale, ont été essayées par la balle. A droite de cette exposition est une magnifique armure portant les armes de Prusse ciselées sur la poitrine et peintes sur le bouclier.

A gauche de la porte latérale, dans la vitrine du milieu, on remarquera un magnifique sabre avec une garde en acier; dans la vitrine qui touche à la porte centrale, le sabre qui a été choisi par S. M. l'empereur des Français.

Au centre se trouve un canon de 503 kilogrammes portant des boulets de 12 livres. Le mérite de ce canon est d'être en acier fondu, métal dont l'emploi augmenterait la solidité et diminuerait le poids de l'artillerie.

Devant ce canon est une vitrine centrale pleine d'armes à feu.

De ce carré on passe dans un second qui termine la galerie en longueur et marque la limite de l'exposition dans ce sens.

Ce compartiment renferme, sur les deux murs en retour, des porcelaines des manufactures royales de Prusse, à droite en entrant, et des terres cuites de Francfort à gauche.

En face est l'exposition des tissus badois. A droite, les velours teints en couleurs d'Ettlingen; au centre, des châles, des baréges, etc.; et à gauche, des impressions sur foulard.

Le reste de l'exposition prussienne, qui s'étend jusqu'au mur du palais dans l'enceinte tracée précédemment, contient diverses parties.

Une première galerie, qui touche aux carrés dont nous sortons, est occupée par des ornements en cuivre repoussés et dorés, et des échantillons d'acier.

Derrière s'étend un grand carré qui, à gauche, confine à l'Autriche. On y voit l'exposition des mines de zinc de la Silésie, une foule de petites fontes de commerce, de la quincaillerie, une assez belle vasque en bronze, des fils d'acier et des trophées d'aiguilles d'un aspect curieux, en face de l'entrée, au fond; en sortant de ce carré, à droite, vers la sortie, on trouve de magnifiques coffres-forts de Magdebourg, des eaux minérales badoises, des horloges avec figures de la forêt Noire, sur un panneau en retour, à droite, aux confins de la galerie transversale.

Si là on tourne à gauche, on trouve les célèbres joujoux prussiens, en bois et en plomb, des poupées, des coffrets, etc.

Une dernière galerie reste enfin, qui s'étend tout le long de l'exposition prussienne du rez-de-chaussée et est adossée au mur du palais.

Cette galerie contient, d'un côté, des échantillons de poêles, de fils de métal, de quincaillerie et d'acier, industrie prussienne qui domine toute l'exposition, et, de l'autre, n'offre pas moins de seize expositions des draps renommés d'Aix-la-Chapelle, qui occupent toute la partie touchant à la muraille.

On arrive alors, en revenant à gauche, vers le mur du fond, à l'exposition du Wurtemberg. La première salle que l'on rencontre est occupée par des pianos; la seconde contient des verres, un autel en chêne sculpté, de la ferblanterie, des coffrets et des jouets d'enfants; enfin des outils d'acier et des parquets en bois de chêne de Bohême.

GALERIE TRANSVERSALE DU REZ-DE-CHAUSSÉE (sud-ouest).

Hanovre, Bavière et Wurtemberg. — Derrière cette exposition prussienne, et sous les voûtes couvertes par le plafond du premier étage, se trouvent diverses expositions allemandes que nous allons analyser rapidement.

En premier lieu, en allant vers l'escalier du sud-ouest, à main gauche, nous trouvons les expositions d'Oldenbourg et du Hanovre; des camées gravés, des vases et autres objets d'agate, d'onyx et de jaspe oriental, pierres qui se trouvent toutes dans le duché d'Oldenbourg. Derrière, sont des armes du Hanovre.

Quand on continue vers l'escalier, on trouve un étalage bavarois : des objets sculptés, d'une délicatesse infinie, par les montagnards du Tyrol (bois, corne et os), Christ, chapelles, jouets, échecs, etc.

Le long du mur sont des meubles en fer forgé et des pierres lithographiques.

Après avoir parcouru ces expositions, nous avons achevé notre course à travers le rez-de-chaussée, et nous prendrons l'escalier sud-ouest qui se présente devant nous à gauche, pour monter au premier étage.

PREMIER ÉTAGE. — GALERIE DU SUD.

A mesure que l'on monte l'escalier du sud-ouest, on rencontre d'abord des stores peints, puis de magnifiques vitraux d'église prussiens et bavarois : on saura que le roi de Bavière a établi à Munich une des principales fabriques de vitraux. Puis, sur le petit palier suivant, on rencontrera une boutique de Jean-Marie Farina, de Cologne, et l'on arrivera au premier étage.

Deux expositions se présentent de front dès notre entrée : le Danemark à gauche, et la Bavière à droite. De magnifiques fourrures et une superbe peau d'ours blanc se voient à l'entrée du Danemark. Près de la balustrade de la galerie se trouvent les produits de la manufacture royale de porcelaine de Copenhague, de nombreux bas-reliefs et des statuettes en biscuit d'après le fameux Thorwaldsen. A côté sont des instruments de musique, des renards et des oiseaux empaillés, et un bateau-pilote du Sund.

Dans les loges suivantes sont des pianos de Copenhague, des gants, des chaussures, des cartes à jouer; enfin, entre les deux loges, le buste en bronze du roi actuel, Frédéric VII.

A côté du Danemark, en avant vers la Bavière, se trouvent deux loges consacrées à la ville libre de Hambourg. Au pilier est suspendu un portrait de l'impératrice, brodé en soie. Les loges contiennent un magnifique baromètre de 6 pieds de haut, avec une échelle de 22 pouces, et des meubles très-bien faits, avec plusieurs applications de nouveaux bois.

Si nous avançons maintenant dans l'exposition bavaroise, qui se prolonge à droite jusqu'au mur, nous trouvons, au centre, des jouets d'enfants, des daguerréotypes; près du mur, des fils, des dentelles et des tissus.

L'allée du centre présente ensuite des bijoux et des spécimens de belle vannerie.

Des tapis prussiens sont suspendus à la nef tout le long de cette galerie.

A gauche sont des produits de galvanoplastie, sous une loge transversale; on remarquera un superbe bouclier, et, en face, un bas-relief en ronde bosse représentant une Ronde de willis (produit fort intéressant de l'électro-chimie).

Suivent les draps et tissus prussiens, nombreux spécimens de velours de coton et de soie; et de là on arrive à un carré long, orné de chaque côté de grandes bannières blanches et noires, aux armes de la Prusse.

La loge à droite, qui est appuyée à la muraille du palais, est occupée par l'Imprimerie royale de Berlin. Elle contient de nombreux et magnifiques spécimens de typographie, de gravure et de chromolithographie. Sur un appui, au centre, se trouve un admirable album des hommes célèbres de l'Allemagne, exposé par le prince et la princesse de Prusse. Cet album, relié en maroquin rouge, est couvert de ciselures en argent bruni et blanc.

De ce carré prussien on passe en Autriche. L'exposition qui se présente est celle des tissus de soie. Au centre, à droite, sont les cocons, les soies brutes et grèges. A gauche, dès l'entrée, de beaux châles brodés en soie, derrière lesquels viennent les cachemires autrichiens.

En suivant, au centre, on trouve des rubans, de la sparterie et quelques belles loges de broderie.

Les instruments de musique belges viennent ensuite. Les tapis occupent la droite, les tissus sont à gauche. On voit des spécimens d'imprimerie près de la balustrade, tout à gauche.

En poursuivant sa route, on arrive à un grand carré occupé par de la porcelaine et de la verrerie de ménage. Des cheminées sont appliquées au mur; puis après, des tissus sur la droite, avec les corsets; le centre et la gauche sont occupés par la lingerie d'abord, puis par les cuirs et les chaussures, et enfin par les magnifiques dentelles de Belgique, qui méritent toute notre attention. Le dédale des vitrines de la lingerie et des dentelles doit être parcouru par le visiteur.

Il débouchera de là dans l'allée centrale qui coupe en deux la galerie d'en haut et donne sur l'escalier du sud.

Après avoir franchi cette allée, on rentrera dans la Belgique après avoir jeté un coup d'œil sur un grand orgue des Vosges qui a été placé là entre les deux portes.

On retrouve ensuite, à droite, la porcelaine et la brosserie belges avec des petites boîtes et des coffrets. Des instruments de musique sont près la balustrade gauche.

Dans la partie gauche, qui se trouve immédiatement après l'allée du centre, on rencontre les expositions de Guatemala et de la Nouvelle-Grenade, occupant les deux faces parallèles de la même allée.

Guatemala et la Nouvelle-Grenade ont envoyé des fruits conservés, des graines nombreuses, des pailles de maïs, des tissus de paille dits panama, et deux magnifiques groupes d'oiseaux empaillés et montés qui se trouvent aux angles de la partie droite.

Les allées suivantes, toujours à gauche, sont occupées par le Mexique.

La vitrine à gauche est remplie de produits alimentaires, fruits conservés et imités, pains de sucre brut et raffiné, huiles, tamarin, graines. En face, dans des montres en verre, des spécimens de typographie mexicaine. Puis, enfin à l'extrémité de l'allée à gauche, des livres, des oiseaux, des minerais et des tissus, particulièrement des ceintures des cavaliers du Mexique.

Dans l'allée transversale que l'on traverse ensuite, une table chargée de minerais et de graines porte le nom de la république argentine; puis l'on entre en Angleterre, en laissant à gauche des accordéons et des instruments de musique français.

L'Angleterre offre dans ses premières vitrines toute la série des instruments de précision, baromètres, thermomètres, compteurs, chronomètres, montres marines, etc. A droite, le long de la muraille, en traversant l'optique, on arrive à l'exposition de l'administration des eaux et forêts des royaumes unis : une magnifique carte forestière d'Ecosse est suspendue à la muraille, et divers instruments placés devant, entre autres un système de niveau.

A gauche sont des sphères, des instruments nautiques et des modèles de construction.

A droite commencent alors, dans une série de loges appliquées à la muraille, les spécimens de photographie, de gravure et de typographie anglaises. Les cartes, la chromolithographie et les impressions en couleur y sont aussi exposées.

Devant la troisième loge, on rencontrera une vitrine

occupée par Elkington et pleine de ses applications les plus délicates de la galvanoplastie. Derrière sont des ouvrages en bois sculpté d'une délicatesse infinie; devant, dans la galerie même, une exposition des modèles employés dans la Grande-Bretagne pour les écoles de dessin.

C'est ici, dans le milieu de la galerie, que commence l'exposition des magnifiques dentelles anglaises; un peu à gauche en tête, celle de J. Forrest et fils, petite vitrine ronde, isolée des autres, qui contient de magnifiques échantillons de point d'Angleterre, surtout un châle blanc valant 30,000 francs.

A droite, devant les photographies qui continuent à occuper la muraille, on ira voir des planches de diorama exposées derrière des verres, sur une table. Puis, un peu plus loin, des tables couvertes de peintures par John Leighton; une entre autres qui présente les jours, les mois et les années sous une forme allégorique (à droite).

Tout le centre, occupé jusque-là par les dentelles broderie et la bonneterie, contient maintenant les fleurs naturelles et les jouets d'enfants, parmi lesquels on ira voir, sur la droite, de délicieuses poupées en cire.

A cet endroit, la gauche commence à être occupée par l'orfévrerie et le plaqué, ouvrage dans lequel les Anglais excellent comme service courant.

Au centre, la coutellerie anglaise et les nécessaires de voyage présentent un aspect magnifique et digne d'être visité, quoiqu'il n'y ait là que les objets d'un usage commun et que l'on ne puisse rien désigner spécialement.

A droite, à la muraille, sont les reliures et la papeterie. On remarquera surtout celles de Th. de la Rue, devant l'exposition duquel est une petite machine pour la fabrication des enveloppes.

Le centre est occupé ensuite par les tissus de soie anglais, velours, robes, etc., ameublement, et par les chaussures. La gauche, par des bijoux, de l'orfévrerie galvanoplastique, la chapellerie; et nous rencontrons enfin les premières vitrines de l'exposition des Indes et de l'Australie.

Inde anglaise. — L'exposition des grandes Indes présente d'abord une série de vitrines dans lesquelles sont renfermés les produits des fameuses manufactures de Cachemire et du Népaul : des tissus de laine de toute beauté; des tissus de coton brodés d'or, ceintures, vêtements, coiffures; des pièces d'ivoire sculptées, bateaux, figurines, jeux d'échecs, etc.

En avançant dans cette exposition, on trouve, au centre, une immense tente sous laquelle sont placés des vêtements de velours brodés d'or, des couronnes, des bonnets, des armes, des tapis de toute beauté, un ameublement de bois de sandal sculpté; des fauteuils, des tables de bois odoriférants en mosaïque de nacre et de laque; des éventails de plumes précieuses; un admirable narguillé ou pipe à eau, de cristal, enrichi d'or et de pierres. Devant cette tente est le lit d'un nabab, aussi en velours brodé d'or, avec une idole symbolique au pied. Tout cela est étincelant.

Au centre, devant le lit, sont des selles et harnachements de chevaux indous; de chaque côté, des meubles d'une sculpture fantastique, des jouets représentant les divers usages de la vie dans l'Inde. La petite galerie, le long du mur, contient les tissus communs, des exemplaires d'imprimerie et des articles d'industrie hindoue; celle de gauche renferme les ustensiles de ménage, de nouveaux meubles et les armes sur son revers extérieur. Enfin, de chaque côté de la porte, sont deux vitrines qui contiennent les bijoux hindous.

De là on pénètre sur l'escalier sud-est, où se trouvent réunies les expositions de Sydney, Victoria, Melbourne et des placers australiens. Ce sont des échantillons de minerais d'or pur et dans sa gangue, puis un petit groupe représentant un mineur avec ses outils d'extraction.

En revenant de là dans l'Inde anglaise, et en continuant la galerie transversale, on trouvera, en passant devant les vaisseaux anglais du Sunderland, d'abord l'Egypte, puis la Turquie. L'Egypte expose un grand nombre de manuscrits, des étoffes, des armes, enfin des harnachements; l'exposition turque est formée de tissus des provinces Danubiennes; à droite, le long du mur, on trouvera des daguerréotypes intéressants de l'armée turque et d'Omer-Pacha avec son état-major.

L'exposition grecque qui vient ensuite, à gauche, n'est remarquable que par un costume grec complet, un livre de lecture à côté, et de belles vues des monuments de la vieille Grèce (Acropole, Parthénon, Prytanée).

A droite est une façon d'exposition de produits chinois par des négociants parisiens; elle consiste en tissus et laques.

De là on entre dans l'exposition toscane, qui présente de curieux échantillons de vieilles porcelaines et de faïences du moyen âge à l'extrémité; puis l'on passe à travers celle de la Sardaigne, dans celle des Etats pontificaux, à gauche, dans la galerie longue du nord, où l'on verra, sous un pavillon carré, d'admirables mosaïques, Vue du Forum, sujets divers dont rien ne peut donner l'idée dans les industries étrangères; puis, en obliquant à droite, on rentrera dans la France et les produits parisiens.

GALERIE DU NORD.

France. — La première ligne de vitrines françaises que l'on rencontre en continuant la galerie transversale de l'est, au sortir de la Toscane, c'est celle de la passementerie et de la broderie d'or et d'argent. Au coin, à gauche, près de la balustrade, est une petite vitrine pleine de chapeaux en fibres d'aloès; en face, en suivant cette allée, nous trouvons une série de robes de femmes confectionnées et autres vêtements de bal et de cour. Dans la première vitrine à droite est une sortie de bal en soie jaune bordée de cygne, une autre en velours rouge brodé d'or.

A droite de cette vitrine, en allant vers l'escalier, sont

des tapisseries et de la lingerie; puis enfin, appliquée au mur même, à droite de l'escalier nord-est, une vitrine contenant trois robes de soie exposées par le grand magasin de la Ville de Lyon.

En revenant dans l'allée que nous venons de quitter, nous trouverons une robe brodée en verre filé et une autre en ficelle; puis, au coin de la première allée, une belle robe blanche avec broderies; suivent des dentelles, et enfin, à l'extrémité de cette allée, au moment de tourner dans la galerie nord, une magnifique robe de cour à queue, en moire blanche brodée d'or.

En tournant dans la galerie nord, nous nous trouvons en présence des tissus français de toute espèce. Il nous est impossible de détailler vitrine par vitrine au visiteur ce qu'il doit y remarquer; nous nous contenterons donc de lui indiquer la place tenue par chaque industrie et chaque localité, en notant les exceptions; le reste est affaire de goût.

En premier lieu se présentent les tissus de Paris: à droite les baréges, mousselines et autres étoffes légères, à gauche la lingerie de table et de corps. A l'extrême gauche sont les corsets, puis les broderies et les dentelles, le long de la Sardaigne.

A partir de Paris on entre dans Lyon, dont les soieries occupent dans toute sa longueur la galerie située le long du mur du palais. C'est à la visiteuse d'admirer et de choisir, dans cette longue et splendide exposition, les tissus qui lui paraîtront les plus beaux.

A côté de Lyon, sur la gauche, auprès de l'exposition de tissus d'ameublement de Moureau, commencent les rubans de Saint-Étienne.

A l'extrême gauche, l'exposition des tissus de coton pur et mélangé de Sainte-Marie-aux-Mines, puis de Mulhouse dont une grande vitrine est à l'entrée du transept, puis successivement de l'Alsace entière; à côté sont les tissus de laine exposé par Amiens, et à l'extrême gauche, vers la balustrade, les châles de Nîmes.

La série continue ainsi avec Lyon à droite, Saint-Étienne et l'Alsace au centre; mais à gauche Paris remplace Nimes et Amiens, et expose tour à tour de délicieuses vitrines de fleurs artificielles sans rivales dans le monde, des dentelles, de la broderie, des mitaines, des mouchoirs brodés au crochet et autres, et des fleurs encore.

Le long de la galerie extérieure sont les vitrines des orfévres en faux, puis celles des bijoutiers.

Là nous arrivons, par la galerie de Lyon, au grand escalier du nord, qui forme le milieu du palais et qui domine la porte par laquelle nous sommes entrés.

En pénétrant sur le palier de cet escalier, on y trouve disposé comme un espèce de salon formé par des banquettes et orné par des tapis suspendus de tous côtés. Au milieu est un lustre de cristal, le plus beau de l'exposition, envoyé par la fabrique de Baccarat, qui ne pèse pas moins de 30,000 kil.; sous le lustre est un beau service d'orfévrerie, et en face à droite une cheminée de marbre blanc avec des candélabres.

Dans la galerie de Lyon, entre les deux portes qui mènent à l'escalier, sont les magnifiques tapisseries pour meubles de Recquillard, Roussel et Chocquel. On remarquera un beau canapé de 1,000 francs.

On remarquera ensuite, à droite, en suivant la galerie, des spécimens de portes avec moulures, puis l'on arrivera au salon de l'Impératrice.

De là, on reprendra la galerie de Lyon, où l'on verra maintenant les châles, les aubes et objets ecclésiastiques brodés de cette grande fabrique.

Au centre est Rouen, avec ses cotonnades; après, Tarare, avec les tissus légers, les baréges, les mousselines de toute espèce unies et brodées; puis, à gauche, Paris, continuant les dentelles et les fleurs.

Commencent alors, au centre, les spécimens de teinturerie, et à droite, à la muraille, les châles de Paris, qui se prolongent jusqu'à l'escalier.

Le reste de la galerie est occupé par les cocons, les soies brutes, gréges, dévidées, etc., enfin toutes les matières premières de l'industrie de la soie, et l'on débouche enfin sur l'escalier nord-ouest.

ESCALIER NORD-OUEST.

L'escalier offre, outre des spécimens de vitraux peints d'Aix-la-Chapelle et de Paris, un beau lion empaillé, et, derrière, un pendule à mouvement persistant, pour démontrer le mouvement de la terre; enfin, une belle glace de 9 pieds 7 pouces anglais de hauteur. Autour sont de nombreux spécimens de porcelaines.

De là, en revenant sur nos pas, nous rentrons dans la galerie ouest.

GALERIE DE L'OUEST.

Premier étage.

La Suisse est le premier pays que l'on rencontre en se dirigeant vers le sud. Le grand carré qui la commence est entrecoupé de magnifiques vitrines renfermant des broderies au plumetis et au crochet. A l'entrée de ce carré, près l'escalier, on remarquera des paysages microscopiques en relief que l'inventeur fait voir à travers une loupe.

En sortant du carré, on trouve des cotonnades de Zurich, des fourrures de Lausanne, et, à l'extrême gauche, entre des armes à feu, un charmant chalet découpé et travaillé à jour. A côté de ce chalet sont des pianos à bon marché. Dans le carré voisin sont les vitrines des verres de montre et des blondes, deux planches gravées avec des fils de laiton appliqués délicatement dans le bois.

Le carré suivant renferme des rubans fort beaux et les boîtes à musique suisses. Enfin, en se rapprochant du mur, on trouve l'horlogerie de Genève, Lausanne, Neufchâtel, etc. Ce carré offre le spécimen le plus complet de tout ce qui peut être employé et tenté dans la fabrication des montres et de leurs accessoires, depuis les pièces bon marché jusqu'aux montres couvertes de pierreries. On remarquera, à droite, les chronomètres de marine, les grandes montres chinoises de Borel frères, à Fleurier; des camées, bracelets et broches à montre de Mayer, de Neufchâtel, etc., etc.

On voit ensuite les broderies d'Appenzell, puis, en faisant le tour de ce carré de loges, les rubans de Bâle et les cotonnades de Saint-Gall.

A droite sont tous les petits ouvrages en bois sculpté que fabrique la Suisse : chalets, figurines, animaux, chariots, etc. Il y a un magnifique vase sculpté de M. Pluck, à Brienz, et une belle cassette.

A côté sont les tissus de paille de l'Argovie et les tresses non confectionnées.

Puis, de là, en continuant, on arrive à l'exposition de la Hollande, qui occupe le centre de la galerie ouest.

Près de la balustrade se trouve une curieuse collection d'objets du Japon, meubles, vases, etc., que les Hollandais ont tirés tant de leurs colonies que de leurs rapports spéciaux avec cet empire. Plus loin, après les meubles, on voit une collection d'objets divers fabriqués par l'institution des Aveugles d'Amsterdam, puis une collection de modèles de navires, parmi lesquels un mât en fer, le modèle d'un bateau de canaux avec tout son matériel, et une bombarde.

Trois magnifiques tapis de laine encadrent la loge qui vient ensuite. Ils sortent de la fabrique royale de Deventer.

Dans la loge sont des produits curieux envoyés par le gouverneur général des Indes néerlandaises : ce sont les armes des chefs et les ustensiles des indigènes de Java. A côté sont des aimants, dont un de 105 kilogrammes ; à droite sont les modèles des écluses de Flessingue et de Middelbourg, celui d'une pingue de pêcheurs pour braver les grosses mers.

Viennent la passementerie, les meubles, à gauche ; les tissus de laine, l'orfèvrerie religieuse, la bijouterie, les toiles, les faïences et la verrerie, à l'extrême droite, une exposition des oiseaux empaillés du Brabant ; enfin, en revenant vers la gauche, une splendide exposition de l'imprimerie royale d'Amsterdam et de la librairie hollandaise.

De là, en suivant l'allée de droite, on arrive directement à l'exposition de Suède et Norvége.

Le roi de Suède a fait exposer une magnifique table avec porphyre rouge et mosaïque, avec une coupe de même matière, provenant des carrières d'Elfdal. Autour, des meubles, une table couverte d'un surtout, des objets sculptés en bois par les montagnards de la Dalécarlie. Auprès, des tissus, entre autres un feutre gris sans couture, et des instruments de précision. Derrière cette loge en est une autre pleine de produits campagnards : on y voit un Paysan et une Paysanne en costume de noces, d'Hallingdal (Norvége), de beaux meubles, un secrétaire en bouleau, un fauteuil en tronc d'arbre, le tout fait par des paysans.

Auprès sont des fleurs et des objets en bois sculpté. A droite, au milieu de tissus divers (draps, cotonnades, etc.), on trouve une vitrine renfermant ces fameux gants si connus sous le nom de gants de Suède.

Les vitrines qui entourent contiennent la parfumerie, les papiers peints, l'orfévrerie et de petits objets en bois de bouleau, entre autres un morceau d'étoffe d'écorce brodée en soie.

Enfin, pour en finir avec la Suède, deux loges ornées des drapeaux de Suède et de Norvége offrent le portrait du roi Oscar entouré de rideaux de soie, le tout brodé de vingt-neuf couleurs ; deux colonnes de porphyre avec vases, un guéridon et un banc en fonte imitant le bois.

Dans la loge, à gauche, est le portrait brodé de l'empereur Napoléon III ; puis de beaux meubles, entre autres un guéridon en porphyre rouge offert par le roi Oscar à l'impératrice des Français.

De là nous rentrons dans la galerie sud, en Danemark ; c'est dire que nous avons accompli le tour du premier étage. Nous descendrons par l'escalier du sud-ouest, d'où nous sommes montés. Nous traverserons les expositions allemandes du rez-de-chaussée, déjà connues, sans nous y arrêter, et nous viendrons aboutir à la porte sud, ayant ainsi parcouru tout le cercle du Palais proprement dit. Sortant alors par cette porte sud, nous déboucherons dans les annexes.

ANNEXES.

Outre le palais de l'Industrie proprement dit dont nous venons de parcourir les galeries, l'exposition contient encore plusieurs annexes qui à elles seules développent une étendue plus considérable que la construction permanente. Ces annexes, en effet, n'ont été construites que provisoirement et devront être démolies à la fin de l'Exposition.

Ces annexes se divisent en trois parties principales :

1° La galerie du quai de Billy, qui n'a pas moins de 35,000 mètres.

2° Le Panorama et son pourtour, qui a 18,000 mètres.

3° Enfin les terrains enclos de barrière qui contiennent, outre les différentes constructions nécessaires pour les services des gardiens, de la police, de la douane, des transports, des magasins, etc, etc. : 1° deux hangars sous lesquels sont exposés les produits de la carrosserie ; 2° un système de construction et de pavillons où se trouvent groupés les nombreux instruments et les machines agricoles françaises, une des parties les plus intéressantes de l'exposition.

Les terrains, entourés de barrières, où se trouvent réunies toutes ces constructions également provisoires, n'occupent pas une superficie de moins de 44,500 mètres.

Ce qui, joint au palais de l'Industrie, fournit ce tableau :

	Mèt. carr.
Palais de l'Industrie et galerie du quai de Billy...	105,000
Panorama et pourtour........................	18,000
Terrains enclos de barrières.................	44,500
Total........................	167,500

Tout ce système de construction est relié ensemble par une première galerie qui, partant du centre du grand palais, va déboucher au milieu du Panorama, s'ouvrant des deux côtés sur le pourtour, où se trouvent des meubles et des instruments de musique. On traverse ensuite le Panorama et, coupant à nouveau le pourtour par son diamètre central, on se trouve en présence d'un escalier qui mène à une galerie couverte qui doit recevoir également des produits exposés.

Cette galerie, élevée de 45 marches au-dessus du sol, passe sur le Cours-la-Reine dont elle laisse la circulation libre, et vient aboutir sur le quai de Billy dans la grande annexe du bord de l'eau. Elle est faite en façon de vitrine couverte, et permet ainsi aux visiteurs de parcourir toute l'exposition sans sortir du même local.

PANORAMA, POURTOUR, HANGARS.

Quand le visiteur, après avoir parcouru l'ensemble des produits contenus dans le palais central, débouche dans les annexes, les premières constructions qui se présentent à lui sont celles du Panorama et des terrains couverts de hangars.

Cette partie de l'exposition peut se subdiviser en portions distinctes, dont nous allons donner l'explication.

En franchissant la grande porte sud du palais, on débouche dans un vestibule formé par un bâtis soutenu par des piliers en bois et à moitié fermé par des vitrines.

Immédiatement après la sortie du palais, à droite et à gauche de ce bâtis, on débouche sur les terrains recouverts de hangars qui contiennent différentes expositions accessoires.

1° En sortant à droite, d'abord, en face du visiteur et vers le mur du grand palais, un vaste hangar couvert dans lequel est renfermée l'exposition générale de la carrosserie belge et française. A gauche de ce hangar se trouve le buffet, qui se prolonge sous une galerie extérieure, mais couverte ; en suivant le buffet, on arrive à l'exposition des instruments, machines agricoles et céréales françaises.

2° De l'autre côté du vestibule, c'est-à-dire à gauche du visiteur, est placé également un hangar sous lequel se trouvent quelques objets de sellerie commune, de grosses voitures de transport, des malles, des instruments de voyage ; de ce côté, le buffet se prolonge et occupe la partie la plus importante du terrain.

Avant de continuer notre route, nous resterons un moment dans les hangars de droite, et nous jetterons un coup d'œil sur l'exposition de la carrosserie et sur celle des instruments agricoles.

Celle de la carrosserie présente une série des pécimens fort intéressants de la fabrique belge et française. Tandems, *four-in-hand*, cabs, berlines, coupés, américaines, voitures à quatre et à huit ressorts, à pincettes, à cou de cygne, à timon, à brancards et à volées, tout se trouve entassé un peu pêle-mêle sous cette voûte.

Nous citerons pourtant dès à présent une voiture assez curieuse en ce bois de thuya d'Algérie, qui fait fortune à l'Exposition, et sur le côté gauche de petites voitures d'enfant fort élégantes, ainsi qu'un omnibus de ce système à impériale adopté aujourd'hui, qui, grâce à son système de ressort, nous paraît dans les meilleures conditions de ce genre.

Au centre, on remarquera aussi une voiture avec panneaux bronze, le train blanc réchampi d'or, avec des moulures dorées, délicieuse calèche ornée d'une garniture blanc et or de toute beauté ; nous aimons aussi beaucoup la calèche œil-de-corbeau et or qui la précède, et qui est, comme elle, attelée de deux chevaux.

Ces quelques pièces parcourues et d'autres encore que l'œil du visiteur lui indiquera, rendons-nous à l'exposition des machines et instruments d'agriculture français.

Machines et instruments agricoles.

Cette exposition peut se subdiviser en trois parties :

1° Une extérieure et exposée aux intempéries de l'air, où sont placées les charrues, les araires, les herses, etc.

2° Une formée par un grand hangar central, où se tiennent les machines proprement dites et une partie de l'exposition des céréales.

3° Enfin une formée par un petit hangar, à l'extrémité du terrain où sont les dessins et modèles d'exploitation rurale.

Les machines à moissonner, et surtout les machines à battre, abondent. C'est un grand progrès. On sent universellement la nécessité d'avoir recours à la mécanique pour remplir certaines fonctions qui tendent à réduire l'homme à l'état de machine.

Nous avons une machine à battre de M. Bordier, de Blanzac (Charente); une autre de M. Dupetit-Delarue, mécanicien à Amiens; une machine à battre montée avec manége à un cheval, de M. Rouot, mécanicien à Châtillon-sur-Seine.

M. Lotz aîné, à Nantes, a exposé une machine à battre et une locomobile, disposées sur le même chariot. Il a, en outre, des machines à manége direct, bâties en fer, en bois et tôle ou en bois simplement, et d'un rendement de 50 à 120 hectolitres par jour. M. Lotz a aussi envoyé des locomobiles de deux à trois chevaux et demi.

MM. Renaud et A. Lotz ont exposé des locomobiles de la force de quatre chevaux vapeur, avec des machines pouvant battre, en douze heures, de 100 à 300 hectolitres de blé, ainsi que des machines à manége à bœufs ou chevaux, battant de 80 à 120 hectolitre en douze heures de travail.

Les machines à moissonner sont moins nombreuses dans l'exposition française; les Anglais et les Américains nous ont dépassés sur ce point. Nous avons la machine de M. Cournier, de Saint-Romans (Isère). M. Roret, de Langres (Haute-Marne), a aussi employé une machine à moissonner, ainsi que M. Mazier, de l'Aigle (Orne).

M. Laurent, de Paris, a exposé deux machines à fabriquer les tuyaux de drainage; et M. Jullienne, ingénieur civil à Paris, une machine à mouler la brique.

Nous ne quitterons pas l'exposition des machines agricoles sans parler de M. le marquis de Bryas, qui, avec un dévouement digne des plus grands éloges, a exposé, sous un toit rustique, un spécimen de drainage, malheureusement exécuté dans des proportions réduites. Le sol est couvert de gazon vert, dans lequel on a pratiqué des tranchées parallèles, au fond desquelles ont été déposés les tuyaux de drainage. Il est à regretter que l'administration du Palais n'ait pas consenti à laisser un espace suffisant à M. de Bryas, qui était disposé à faire le sacrifice de quelques milliers de francs pour installer un modèle de drainage de grandeur naturelle, reproduisant quelques accidents de terrain.

Nous avons une machine qui sert à fouler la vendange, par M. Courtillet de la Cellette (Loir-et-Cher), et deux ou trois pressoirs de M. Lemonnier-Jully, mécanicien à Châtillon (Côte-d'Or), et de M. Petit-Delarue, d'Amiens.

M. Vachon, de Lyon, a exposé une grande machine destinée à la meunerie, et qui peut faire le nettoyage et le triage des grains; M. le docteur Herpin, de Paris, un tarare brise-insectes à grande vitesse, à percussion et à brosses, ayant pour objet la destruction de l'alucite et du charençon renfermés dans les grains.

L'exposition des instruments d'agriculture semble plus complète que celle des machines.

Nous avons remarqué une défonceuse Guibal (de Castres) et une herse norvégienne du même fabricant, un grand rouleau Crosskill de M. Decrombecque; des extirpateurs de M. Pinel, de Thil-en-Vexin (Eure), de M. Bodin, de Rennes, et de M. Lepreux-Davanne, de Crouy-sur-Ourcq (Seine-et-Marne); une herse-ratissoire à bascule; enfin, des charrues en grand nombre et de différents modèles.

Les étrangers, autres que les Anglais et les Américains, sont réunis aux Français sous le grand hangar et, en dehors du hangar, sur le terrain libre qui leur a été réservé à droite et à gauche.

La Belgique est représentée par une machine à battre à effet direct, avec la chaudière en dehors, sortant des ateliers de M. Hochevaux, de Haine-Saint-Pierre (Belgique); une charrue à défoncer de M. Dufour, maréchal ferrant à Neufville (Hainaut); des rouleaux articulés, une vraie herse norvégienne primitive de M. Hocheraux. M. Duchêne et M. Denis Ferdinand, de Namur, ont envoyé des barattes à battre le beurre construites avec luxe.

Tels sont les principaux et les plus remarquables objets exposés par l'agriculture, auxquels il faudrait joindre un plus ample détail de ces épis et de ces graines exposés sous ce hangar, s'il était possible de signaler au visiteur, à la simple vue, les qualités d'une gerbe ou d'une semence. Nous retrouverons de nouveau des machines et des produits agricoles dans l'annexe du bord de l'eau, principalement ceux de l'Angleterre et de l'Amérique. Mais pour que le visiteur ne passe point d'un pas trop indifférent dans cette partie de l'Exposition, qui à elle seule a autant d'importance que tout le reste réuni, donnons-lui quelques chiffres de la statistique française.

L'industrie cotonnière, la plus considérable qui soit en France, produit annuellement pour 800 millions. Des chiffres probablement encore au-dessous de la vérité ne portent pas à moins de 8 milliards les produits de l'agriculture parmi lesquels les céréales figurent pour 2,500 millions, et les animaux avec leurs produits immédiats pour 1,500 millions.

Plus de vingt-cinq millions d'individus, c'est-à-dire les cinq septièmes de la population française doivent être classés parmi les producteurs de ces produits. Tous les habitants en sont les consommateurs. L'ensemble de nos exportations en produits directs de l'agriculture, céréales, animaux, vins, fruits, etc., ne s'élève pas à moins de 170 millions de francs, auxquels il faut ajouter ceux qui ont servi de matières premières à d'autres industries, comme les laines, les soies, les bois. Et ces chiffres ne s'appliquent qu'à la France. Aujourd'hui il s'agit de l'Europe!

Enfin, si l'on veut concevoir toute l'importance qu'ont pour cette immense branche du travail humain ces machines, ces engrais, ces instruments, ces drainages, toutes ces découvertes du génie agricole, qu'on étudie les proportions suivantes. Le produit du froment par hectare, du temps de Vauban, n'était en moyenne que de 8 à 9 hectolitres, il est aujourd'hui de 12 à 13 pour la moyenne de la France entière; eh bien, un agriculteur habile et qui sait choisir son froment et lui donner la culture du terrain et du climat, peut faire rendre facilement 30 et même jusqu'à 40 hectolitres; déjà il ne s'en faut que d'un million d'hectolitres en moyenne que la production du froment égale la consommation en France.

POURTOUR.

Après avoir jeté ce coup d'œil rapide sur les terrains des hangars, le visiteur reviendra par la suite même de son exploration dans ce grand vestibule que nous avons signalé tout à l'heure au sortir du palais. Poursuivant alors sa course devant lui, il trouvera la double entrée du pourtour et du Panorama.

Nous commencerons notre visite par le pourtour, et nous prendrons d'abord à droite du visiteur qui vient du palais, pour suivre la série des meubles français.

L'exposition que nous avons sous les yeux a été divisée en trois compartiments principaux. Le long de la muraille de droite sont appliqués la plupart des grands meubles, qui masqueraient la vue s'ils formaient le centre. Au milieu sont les lits, les tables, les dressoirs, les chaises, les tables, tous les meubles maniables. Enfin à gauche, dans des façons de chambres pratiquées en enfoncement sous le Panorama, se trouve l'exposition des tapissiers, qui a pu ainsi présenter des modèles complets.

Les murailles sont recouvertes par des papiers de tenture qui se trouvent ainsi placés dans leur classe, avec les ameublements, et de grands tapis suspendus à la voûte viennent de temps en temps arrêter les regards.

Une petite galerie latérale située en dehors est destinée à recevoir les dessins industriels.

Le nombre des exposants de cette industrie presque exclusivement parisienne s'élève à cent quarante environ, et on peut dire que le monde entier est tributaire du faubourg Saint-Antoine. Il occupe pour cette seule branche environ douze mille ouvriers dont la plupart sont de véritables artistes, et le mouvement de la vente ne s'élève pas à moins de 30 millions de francs.

Les bois employés en général par eux sont l'acajou, le palissandre, l'ébène, le poirier teint en noir, le frêne, le chêne, et ce bois de thuya qui commence sa fortune.

En entrant dès l'abord à droite, le long de la muraille, on verra une assez belle bibliothèque en chêne de Fossey, mais qui est de beaucoup surpassée par sa voisine, qui, par la pureté des lignes, le goût simple et sévère de sa structure, a bien peu de rivales dans cette longue galerie. A gauche et presque en face de cette bibliothèque est un meuble de chasse soutenu par deux chiens, qui ne manque pas de charme dans son ordonnance ; vient ensuite un assez beau meuble en bois noir imitant le bronze, qui est formé de placages de bois coloriés par injection, selon le procédé du docteur Boucherie, procédé que nous aimons peu et qui rend les bois ternes et tristes.

Si le visiteur veut se tourner à gauche, entre les deux lignes de meubles qui y sont rangés transversalement, il y verra d'abord un assez joli dressoir de salle à manger avec une horloge, mais surtout, en face, un petit bahut sulpté, fouillé, travaillé, un véritable chef-d'œuvre de Riballier.

Puis, au milieu, une collection de lits, dont le premier,

avec une armoire à glace incrustée de cuivre dans le genre boule, est riche quoique d'un style lourd.

Le premier meuble qui attire les regards c'est, après cela, une grande bibliothèque de Riballier, avec des figures de femmes presque de grandeur naturelle; le fond, qui n'a pu être fini, est représenté par une esquisse au fusain.

J'aime mieux la grande bibliothèque, d'un style assez pur, de Beaufils, à Bordeaux, avec quatre statues représentant les parties du monde.

A gauche, au centre, on verra un beau paravent et un dressoir de Salomon Perier en laque magnifique.

Le visiteur ne parcourra pas cette galerie sans lever la tête et jeter un coup d'œil aux magnifiques papiers qui ornent les murailles, c'est à son goût à lui indiquer ceux qu'il préfère.

C'est à ce point de la galerie que l'on rencontre, à droite, la porte de la galerie des dessins industriels. Aussitôt après on voit des billards au centre et la pièce capitale des meubles français.

C'est une immense chaire en bois sculpté, construite par l'abbé Choyer, directeur d'un établissement de décoration religieuse, à Angers (Maine-et-Loire). Cette chaire n'a pas moins de 15 mètres de haut sur 20 au moins de large. Le dôme qui surmonte la chaire est un peu lourd. Les deux sujets d'angle représentent la Jérusalem en puissance sous la forme d'une tour, et la Jérusalem en ruine sous la forme de cette même tour renversée.

Au centre se trouve suspendu un magnifique tapis, fabriqué pour l'empereur par Requillart, Roussel et Chocqueel d'Aubusson.

A gauche tout à fait, dans les niches des tapissiers, on ira voir deux petites chambres, l'une en soie jaune, l'autre en simple soie blanche, avec des passementeries bleues, et une toilette, chambre de mariée qui révèle un goût exquis.

L'exposition se termine après par une série de lits et de meubles en fer, de berceaux, d'armoires à casiers, etc., enfin de tous les meubles d'un usage journalier.

On débouche à cet endroit sur l'autre face du Panorama, devant l'escalier qui conduit à l'annexe du quai de Billy. Continuant alors la promenade circulaire du pourtour, on entre dans la coutellerie et l'armurerie françaises. Nous citerons les drapeaux de la garde impériale, exposés par Spiquel, vers le centre des vitrines.

Nous citerons aussi les beaux fusils de Lepage, et surtout celui de Gauvain, à droite, le long du mur, qui nous a semblé un chef-d'œuvre de sculpture et de goût.

En continuant le tour de la galerie, on voit des papiers peints à la muraille, et l'on arrive à la belle exposition de fonte de Dueil, maître de forges. Le groupe des trois Grâces, de Germain Pilon, qui couronne le faisceau, l'Enfant qui se retire une épine du pied, deux Jouteuses, attireront l'attention par leur exécution fine et vigoureuse à la fois. De là on entre dans la galerie des instruments de musique.

Un orgue gigantesque, placé derrière l'exposition de Dueil, l'inaugure. Cet orgue a été construit par M. Ducroquet.

Nous pénétrons ensuite au milieu des pianos, parmi lesquels il nous serait difficile de guider nos lecteurs, car ici l'œil et la pensée doivent céder leur jugement à l'oreille, et s'il peut s'y reconnaître dans le concert qui s'élève, qu'il écoute.

Il nous suffira de constater, en passant, la victoire définitive et presque radicale du piano droit sur le piano à queue. Si l'on songe que ce ne fut qu'en 1786 que Amédée Backens, en unissant le clavecin à l'épinette, mit pour la première fois les facteurs sur le chemin du piano, on sera étonné des progrès faits par cet utile instrument ; mais ce ne fut qu'en 1827 que MM. Roler et Alanchet inventèrent le piano droit, et maintenant le triomphe de ce nouvel instrument, commode et moins coûteux, paraît assuré. Les noms de MM. Erard, Pape, Boisselot, Kriegelstein, frapperont les yeux des visiteurs.

Nous terminerons ainsi notre visite au pourtour et nous nous retrouverons de nouveau devant la porte du

Panorama, dans lequel nous allons directement pénétrer.

PANORAMA.

Le Panorama s'ouvre par une sorte de péristyle, sous lequel ont été placés deux grands meubles de bois sculpté, avec panneaux incrustés de bronze et vases, statuettes, groupes et sujets de bronze réduits, sortant des ateliers de ce Barbedienne, dont l'exposition fait déjà une des gloires du transept.

Après avoir franchi ce vestibule, on pénètre dans le Panorama par une porte ornée de tapisseries. Le Panorama est une grande salle ronde, en forme de dôme, au milieu de laquelle on a élevé une estrade à plusieurs gradins, sur laquelle on a placé, d'un côté, l'admirable service fait pour l'empereur, par la maison Christophe; de l'autre, la splendide exposition de porcelaine de Sèvres.

Au sommet de l'estrade, dans une vitrine, sont exposés les diamants de la couronne.

Les murs sont recouverts des tapisseries des Gobelins, de Beauvais, d'Aubusson et de Nîmes.

Nous allons parcourir cette remarquable enceinte, en tournant d'abord à droite du visiteur qui vient du palais.

Les premiers tapis qui se présentent suspendus à la muraille, sont ceux de MM. Flaissier frères, de Nîmes. MM. Flaissier frères excellent dans la confection des moquettes pour meubles.

On remarquera en face l'exposition des produits de M. Christophe, et l'on se retournera pour admirer sur l'estrade le magnifique service composé de 370 pièces qu'il vient de fabriquer pour l'empereur. Toutes les petites et grandes cloches destinées à recouvrir ses plats, sont d'un goût exquis. Les personnages figurent les principales villes de France, et les pièces du milieu représentent la France sur un char où sont attelés des bœufs; cette pièce est de toute beauté et n'a de rivale dans aucune pièce d'orfévrerie de l'exposition.

Ici nous arrivons aux produits des manufactures impériales :
1° Les tapis des Gobelins ;
2° Ceux de Beauvais ;
3° Les porcelaines de Sèvres, sur l'estrade.

Tapisseries des Gobelins.

L'exposition des Gobelins se compose, dans le premier panneau, de :
La Pêche miraculeuse, tapisserie exécutée d'après Raphaël et les tapisseries du Vatican ;
La Vierge dite au poisson, d'après Raphaël ; saint Paul et saint Barnabé, d'après Raphaël ; portrait de Lebrun ; portrait de Colbert ; etc.
Dans le second panneau :
Le Corps de Jésus mis au tombeau, d'après Michel-Ange Caravage ;
Le Christ au tombeau, d'après Philippe de Champaigne ;
Les Confidences, d'après Boucher ;
Sylvie délivrée par Amynthe de la fureur d'un monstre, d'après Boucher.
Toutes tapisseries de haute lice.
Au-dessus de la grande porte, se trouve une admirable tapisserie :
Psyché présentée à l'assemblée des Dieux, d'après la fresque de Raphaël à la Farnésine et une copie de Papety.
Après la porte, se présente un tapis du genre dit de la Savonnerie, exécuté pour un salon du pavillon Marsan aux Tuileries.

Tapisseries de Beauvais.

Le panneau suivant est occupé par une nature morte, d'après Desportes.
Orfévrerie, fruits et accessoires, d'après Mignon.
Raisins sur un vase antique, d'après Baptiste Desnoyer.

Un meuble, style Louis XVI, canapé, chaises et fauteuil.

Écran de cheminée.

Attributs de l'hiver.

Une fable de Lafontaine (les deux Coqs et la Poule), d'après Oudry (1755).

Canapé, fauteuils et chaises (fleurs sur fond bleu), destinés à l'impératrice.

Après ces splendides expositions, vient celle du plus grand manufacturier d'Aubusson, M. Sallandrouze de Lamornaix, et le plus grand éloge qu'on puisse en faire, c'est de ne pas délaisser ses produits après tant de merveilles. On remarquera surtout dans ses tapisseries, des modèles de chaise sur fond blanc, deux pendants de fleurs et de végétaux d'Amérique, une imitation de grisaille pour un canapé et un délicieux meuble vert et blanc, ainsi qu'un bel écusson qui domine un de ses panneaux.

Porcelaines de Sèvres.

Les porcelaines de Sèvres occupent la plus grande partie des gradins du Panorama. Le nombre des pièces exposées est très-considérable. On y remarquera,

Dans la porcelaine dure :

Vase commémoratif de l'Exposition de Londres, forme et composition de M. J. Diéterle, la frise sur biscuit, par M. Brunel-Rocques, d'après M. Gérôme.

Deux cents vases de dimensions, de formes et de styles variés, avec peintures ou autres décors.

Armoire; plaques; coffret à bijoux; petit coffret d'argent repoussé; peintures sur émail; candélabre; jardinière; table-guéridon; lampes et baptistère en pâte céladon. La cerce de cette pièce a été faite par le procédé du coulage.

Jatte chinoise.

Vingt-deux coupes de styles et de formes variés, avec peintures, sculptures et autres décors.

Assortiments de pièces en blanc; vases, pièces diverses de service de table et de déjeuner, plaquées, etc., tournées, montées, coulées, etc., exposées au point de vue de la fabrication.

Dans les émaux :
Buire, émail sur cuivre ; émail sur fer.
Dans la terre cuite :
Coupe dite *du Travail.*
Vase dit *de la Guerre.*
Vase dit *de l'Agriculture.*
Dans la porcelaine tendre :
Quatre-vingt-cinq vases de dimensions, de formes et de styles variés, avec peintures et autres décors.

Telle est cette exposition du Panorama, la plus brillante et la plus distinguée de l'Exposition universelle, et dans laquelle nos manufactures et nos ouvriers ont prouvé encore une fois que nous étions les premiers artistes industriels du monde.

GALERIE DU QUAI DE BILLY.

Quand on entre dans la grande annexe du bord de l'eau par la porte qui s'ouvre sur la place de la Concorde, la galerie se développe, devant le visiteur, sous une immense forme allongée, qui se déroule depuis le pont de la Concorde jusqu'à l'extrémité de l'avenue Montaigne, presque en face de l'exposition des Beaux-Arts. Cette immense construction, établie provisoirement pour suffire à la masse des produits dont le palais de l'Industrie proprement dit regorgeait dès le mois de mars, n'a pas un développement de moins de 12,000 mètres en longueur, sur 22 mètres en largeur.

Elle devait d'abord être complétement séparée du corps principal de l'Exposition ; mais cette mesure primitive, qui exigeait pour les visiteurs un détour considérable, ne put être maintenue. L'affluence des produits, qui augmentait encore dans une proportion plus qu'inattendue, nécessita, outre la création d'une galerie pour rejoindre les deux corps principaux, l'éta-

Galerie annexe du quai de Billy.

blissement d'annexes supplémentaires.

Ce sont ces annexes supplémentaires dont nous venons de parler, et qui sont désignées sous les noms de terrains enclos de barrières, Panorama et pourtour.

Il existe, dans la galerie du quai de Billy, deux divisions essentielles et radicalement tranchées.

La première partie de cette galerie, située entre la porte de la place de la Concorde et le bassin du milieu, est réservée à une foule de produits de natures diverses, provenant de nationalités différentes.

La seconde partie, au contraire, est, sinon exclusivement, du moins presque complétement réservée à la mécanique.

C'est là que se trouvent les machines nombreuses et variées qui servent à la production ou à l'extraction de tous ces nombreux objets qui remplissent l'Exposition.

Comme il nous a fallu adopter un ordre pour

Vue intérieure de l'annexe du quai de Billy.

notre visite, nous avons supposé que le spectateur entrait par la porte qui donne sur la place de la Concorde, de telle sorte que le mot *à gauche* indique tous les produits placés le long de la muraille du bord de l'eau ; l'autre, au contraire, tous ceux qui se trouvent adossés à celle qui s'étend le long du Cours-la-Reine.

Un premier étage ou plutôt deux petites galeries ont été construites de chaque côté de la galerie principale et n'ont pas plus de 12 mètres de largeur, de façon qu'elles laissent libres tout le centre et le dôme de l'annexe. Ces deux galeries ne sont prolongées que jusqu'à la moitié de la galerie principale. Nous jetterons un coup d'œil dessus après avoir parcouru la première partie de l'annexe, le long de laquelle elles sont établies.

En entrant dans l'annexe, la première exposition que l'on trouve est une partie détachée de l'exposition britannique.

Les Anglais ont exposé là leurs principaux échantillons de métallurgie et de houille, des savons, des cuirs, des produits chimiques.

En entrant à droite, presque adossé au battant de la porte, se remarque un plan assez curieux par John Wales, ingénieur du comté de Durham. C'est le modèle d'une mine de charbon ou houille montrant les différentes méthodes d'exploitation employées dans le nord de l'Angleterre.

En quittant ce modèle curieux, on rencontre des expositions de fonte, des cheminées, des assiettes, des plats, des vases, des statuettes en fonte de fer.

Les rails pour chemins de fer, les échantillons de chaînes de fer qui succèdent, peuvent entrer en comparaison avec ce que l'on fait de mieux dans aucun pays, et l'on reconnaît là le travail de Birmingham, la cité de Vulcain par excellence.

Les côtés sont encombrés de produits chimiques, dont la curiosité du visiteur n'a que faire ; nous l'engageons pourtant à jeter un coup d'œil en passant, à droite, sur les cuirs teints de Wilson Walker, de Leeds. La finesse des peaux et le brillant de la teinture laissent peu à désirer.

De là, il faut aller, toujours à droite, à la brillante vitrine de R. Cuff, le sellier de la reine d'Angleterre. Les Anglais excellent dans la confection de tous les articles qui tiennent à l'art hippique. On remarque dans cette vitrine de magnifiques selles brodées pour dragon, une rouge fort élégante pour hussard, et une selle de général anglais.

Mais ce qui séduit surtout, c'est tout l'attirail de la sellerie fine en cuir jaune piqué, les selles de femmes, un assortiment de têtières et de mors magnifiques. Nous n'en dirons pas autant des cravaches et des fouets, montés avec luxe, il est vrai, mais avec un mauvais goût qui les met mille fois au-dessous de cette partie de la sellerie parisienne.

On peut jeter un coup d'œil en passant, à gauche, aux savons et à la parfumerie.

C'est ici que se dresse une grande horloge à cadran d'ardoise dont on voit le mécanisme ; cette horloge, qui n'a d'autre mérite que sa grandeur, est renfermée dans une sorte de caisse de velours rouge et bleu du plus vilain effet. Au reste, l'horloge elle-même est une vieille connaissance de Sydenham-Palace : elle a déjà été exposée à Londres et n'y a obtenu qu'un médiocre succès.

Quarante-huit exposants anglais ont exhibé des produits des mines et de métallurgie ; une soixantaine, les produits chimiques dont nous venons de voir les spécimens, en tout un peu plus de cent ; trente et quelques, la sellerie ; il n'y a pas moins de quarante-trois exposants pour les machines agricoles.

Les principales machines agricoles anglaises sont des voitures ou charrettes de transport. Nos voisins d'outre-Manche sont aussi ingénieux et soigneux pour leurs travaux des champs que pour leur vie domestique. Aussi rien de plus soigné et de mieux fait que leur matériel roulant pour les fermes. On remarquera les trois ou quatre charrettes ; on remarquera aussi une machine de M. Withehead pour la fabrication des tuyaux de drainage. M. Nownsby a aussi exposé de fort beaux instruments d'agriculture, une herse à dents, mais principalement une grande locomobile à vapeur que l'on pourra comparer aux deux autres qui se trouvent à côté. La culture des champs par les machines locomobiles est fort répandue en Angleterre. Il y a également un rouleau très-bien fait par M. Croskill et des charrues légères d'Howard de Bedfort.

En quittant l'exposition agricole anglaise, on entre dans celle du Canada.

Canada. — L'aspect des produits change immédiatement avec le pays qui les envoie.

Le Canada est le pays des grands fleuves, des grandes forêts, des Indiens, des sauvages et des colons.

Aussi allons-nous y trouver les produits extrêmes de la civilisation et de la sauvagerie.

Les premiers objets exposés sont les peaux de bêtes. Trois vitrines contiennent des dépouilles arrachées aux glaces du Nord : des peaux de castor, de loutre, de rat musqué, d'herminette, une magnifique peau de ces renards bleus qu'il faut aller chercher jusque sur les bords de la mer Glaciale.

Si le visiteur veut s'enfoncer de suite sous la galerie à gauche, il trouvera des vitrines remplies d'oiseaux canadiens empaillés, d'immenses hibous, chouettes, choucas et autres oiseaux de nuit dont le froid a rendu le plumage blanc et moucheté; des poissons scies, d'énormes peaux de castor, un corbeau bleu grand comme une poule, un de ces curieux oiseaux à cuirasse nommés ornithorhinques, un jaguar, et jusqu'à des rats. Puis, au-dessus, le portrait d'un Indien et d'une Indienne tenant son enfant dans ses bras, et enfin un tableau représentant le grand conseil tenu par les chefs indiens et les blancs le 10 octobre 1796.

Ensuite, à gauche, un trophée de haches, de sarcloirs, d'instruments pour défricher, en acier étincelant, toutes les armes des pionniers en un mot.

A deux pas de là, au centre, se trouvent deux voitures portant des pompes à incendie, l'une très-remarquable et très-extraordinaire, celle de Québec. Elle est peinte en couleur claire, couverte de dorures et de peintures. Elle est portée par trois roues fort élégantes et surmontée d'un système à bascule pour faire marcher la pompe.

A gauche se trouve un modèle au douzième de la navigation sur le fleuve Saint-Laurent. On y voit l'ancien et le nouveau système de canaux : on peut juger de l'importance de cette navigation, puisque des bateaux de 180 pieds de long sur 44 de large, tirant 16 pieds d'eau, peuvent y naviguer.

A droite, le modèle du grand pont couvert, pour le chemin de fer qui traverse le Saint-Laurent à Montréal.

Enfin, au centre, on arrive au grand trophée du Canada, qui s'élève presque jusqu'à la voûte, à près de cinquante pieds de haut. Ce trophée est surtout remarquable par l'exposition de bois qu'il contient. On voit de magnifiques tranches d'orme poli avec l'écorce laissée autour, qui ont plus de quatre pieds de diamètre. On remarquera un magnifique échantillon de bois de fer *(iron-wood)*, du platane, des tranches d'érable et de sycomore poli sous écorce, et plusieurs variétés de chêne. Le trophée est complété par des peaux de bêtes, des ramures d'animaux, une magnifique tête d'élan avec des bois énormes, des tomahawks indiens, des avirons de bois canadiens, etc.

En quittant ce trophée, on rencontre deux voitures dont une, la seconde, est très-légère et d'assez bon goût. La première a, par derrière, une façon de siége à la française en raccourci.

Viennent après quelques modèles de bâtiments publics. A gauche, des meubles, et, appliquée à la muraille, une assez belle vue de Toronto avec des daguerréotypes canadiens. Enfin l'on trouve de nouvelles vitrines contenant un manteau de fourrure pour chef indien, des mocassins ou chaussures sculptées et brodées, des ceintures, des paniers indiens, des plumes pour la tête, un sac de chef avec des broderies, des dessins et de petites cornes d'élan.

De là on passe aux instruments agricoles, peu nombreux. Suivent des modèles maritimes exposés par les arsenaux des ports de guerre français : la coupe de l'entre-pont d'un vaisseau de guerre avec deux pièces de canon en batterie, et le modèle des machines d'un steamer américain à deux cheminées pour la navigation des lacs; enfin de magnifiques modèles de ponts et constructions exposés par le ministère des travaux publics; des chemins de fer, viaducs, canaux, phares, etc.

Espagne et Portugal. — L'Espagne a envoyé à l'Exposition universelle 460 et quelques exposants seulement. Parmi ces 460 exposants, l'exploitation des mines de toutes sortes en a envoyé 105 à elle seule, et l'agriculture 97. Ainsi, quand nous avons sous les yeux cette partie de l'envoi, nous parcourons le côté le plus intéressant de ce royaume, surtout si l'on y ajoute les vins et les produits conservés, tels que les marrons, les olives, les fruits secs, les amandes, etc.

L'Espagne est devenue presque purement agricole et minière. Aussi est-il difficile d'assigner au curieux un point auquel il puisse s'attacher. Les morceaux de charbon, les grains et les flacons d'huile, ne se distinguent guère les uns des autres à la simple vue, et tout ce que l'on peut dire, c'est que ces flacons renferment les tortadille, les moscatel, les fuencarral, les vins des Baléares dits albaflor, les vins de Murcie et ceux de Malaga. Il y a pourtant un égaré qui expose de la bière en Espagne : c'est M. Brestell, à Séville. Citons-le pour curieux. Regardons dans la partie métallurgique les bronzes représentant la reine, le roi don François, etc. L'exposition portugaise est la même, mais plus restreinte encore.

Produits du sol de l'empire ottoman. — Telle est l'inscription placée au-dessus des produits que nous allons visiter.

Les Ottomans sont de fort grands agriculteurs, et ce, sous des climats très-divers et des températures assez variées pour obtenir les produits de latitudes entièrement différentes. Ainsi, en examinant de près toutes ces bouteilles, nous apercevrons les olives monstrueuses de l'Asie Mineure à côté des blés venus des bords du Danube; puis toute la culture de l'Anatolie et des frontières de Perse, l'eau de roses venue des champs d'Al-Reddi et qui coûte 30 francs la cuillerée d'essence, le tamarin noir dans sa coque séchée ; puis l'opium aussi, cet opium tout-puissant à qui le soleil d'Orient a versé tous ses feux narcotiques. A côté sont les semences de pistache, de moutarde, de tournesol, qui fournit cette teinture si employée et ce papier avec lequel on fait la première de toutes les expériences chimiques. Les autres flacons, non moins intéressants, contiennent les cocons de vers à soie élevés sur les mûriers d'Asie. Ces cocons blancs sont ceux du ver à soie *sina*, une espèce ainsi nommée parce qu'elle a été importée de Chine, espèce magnifique et féconde, qui donne une soie excellente pour la teinture. Ces cocons-là viennent d'élèves faits sur ces grands mûriers blancs qui croissent si énergiquement dans les environs de Saint-Jean-d'Acre et surtout le littoral de la Syrie, malgré ses cinquante degrés de chaleur. Les jaunes viennent surtout de Brousse, cette admirable ville de l'Asie Mineure où Abd-el-Kader s'était retiré, ville à moitié ensevelie en ce moment par des tremblements de terre, et dont les fabriques de soie faisaient le Lyon de la Turquie.

Suisse. — Du Canada américain, nous sommes passés dans la Turquie asiatique, puis voici le plan de la Suisse avec ses vertes montagnes, les sommets blancs des glaciers de l'Oberland bernois, les petites villes, les capitales des cantons, les villages, les hameaux, presque les métairies et les chalets avec leurs petits toits rouges suspendus de toutes parts. A deux pas de là, toujours au centre, le plan en relief des cantons de Saint-Gall et de Glaris par M. Auguste Schaele, avec la vue du lac de Constance ; puis, à droite, à quelques pas sous la voûte, un petit bateau peint de rouge et de blanc avec des roues pour le transporter, bateau de plaisance servant à la navigation des lacs; enfin, à gauche, des cuirs de Savoie tirés de ces grands troupeaux de montagne qui fournissent d'excellents cuirs forts à toute la France.

Les exposants suisses ont élevé au centre une sorte de tente carrée sous laquelle ils ont exposé quelques meubles curieux. Nous recommandons au visiteur de regarder ce curieux bahut en noyer, copié d'après les modèles du vieux temps, avec ces figures de femmes moyen âge et ces grands bonshommes roides et peinturlurés qui rappellent les Guillaume Tell des images.

On voit aussi quelques échantillons d'horlogerie, toujours intéressants par cela même qu'ils viennent de Suisse; mais ce n'est pas là qu'est l'exposition principale de ce produit helvétique, qui, sur 436 exposants qu'ont envoyés les cantons à l'Exposition, n'en compte pas moins de 76 à lui seul, et, avec l'industrie des soies qui en compte 97, forme presque la moitié de leur exposition.

Passons donc rapidement sur cette portion détachée de la Suisse, et entrons en Allemagne par la Hollande et le Danemark.

Pays-Bas. — L'exposition des Pays-Bas se devinerait même sans inscription par le nombre de pipes, tabacs et cigares.

Mais ce qui crée l'intérêt véritable de l'exposition hollandaise, c'est l'énorme trophée élevé par la Hollande avec les produits de ses colonies. Un drapeau flottant sur le haut porte: *Java, Célèbes, Sumatra, Bornéo,* etc. D'autres pavillons indiquent les noms des localités. Ce trophée est du reste presque exclusivement agricole: outre les céréales, les maïs, les arrow-root, le tapioka, le piment, le poivre, le gingembre, les fruits conservés, les tranches de bois de citronnier, de bois de sandal, etc., en forment les éléments. On peut y voir aussi des flèches indigènes, des roseaux, des avirons, des peaux de tigre et de panthère, des plumes, des noix de coco, le tout pittoresquement groupé. C'est au premier que l'on a placé le reste de cette exposition.

Quelques harnais et selles très-simples, des cordes et du matériel maritime, des fourneaux et cheminées, et des métaux, achèvent de compléter l'exposition de la métropole.

Suède et Danemark. — Le Danemark occupe tout le côté gauche, et la Suède le côté droit.

Sur la table danoise on voit des modèles de machines agricoles, semoirs de blé, hachoirs de paille, exposés par l'Ecole polytechnique de Copenhague, des instruments, des jeux de cartes, des produits chimiques et des laines; en face des grains, un coffre-fort, une ravissante voiture de Hambourg en bois jaune, et des oiseaux empaillés.

La Suède, à droite, présente des spécimens métallurgiques, des minerais, des fusils, des instruments agricoles, sur le côté; au centre, des chaînes et de belles ancres de navire, des fourneaux, des grains, et trois ravissants traîneaux recouverts de fourrures.

Sous la galerie, des sucres, des tabacs, des graines, et un modèle de l'établissement gymnastique de Stockholm.

Bade. — Quelques tabacs, des pompes, des cuirs, mais surtout un magnifique système d'appareils chimiques et pharmaceutiques de Mush, puis le zinc de la Vieille-Montagne, composent toute cette exposition.

Bavière. — La Bavière est une grande productrice de houille; elle en expose des échantillons importants. Elle a aussi envoyé une fort belle collection de minéraux. La direction générale des mines et des salines de Bavière, à Munich, présente des échantillons de fer, de plomb, de zinc, d'antimoine, tirés des mines des Alpes et des mines royales de la plaine. Il faut y remarquer du pyrite d'antimoine et de fer contenant de l'or, accompagné d'or pur provenant de la mine royale de Brandholy, près de Gold-Kronach. Les mines d'or sont très-rares en Europe.

Le Wurtemberg expose des faux, faucilles et autres instruments d'acier. La coutellerie de Stuttgard est fort estimée en Allemagne. Il y a aussi d'assez beaux échantillons de produits chimiques et des pierres meulières de Nurtingen, qui, sans pouvoir rivaliser avec celles de la Ferté-sous-Jouarre, jouent pourtant un rôle important dans cette branche si importante et si peu répandue du commerce. Un tapis de fourrure hessois attirera les regards du visiteur.

Prusse. — La Prusse est un pays éminemment adonné à l'industrie minière. Il n'a pas moins de 162 exposants de la première catégorie (Art des mines et métallurgie); et parmi ces exposants on voit les premiers noms des grandes familles prussiennes.

En entrant dans cette exposition, la première pièce qui se présente est un système de chaudière destiné à une sucrerie, exhaussé sur un perron auquel on arrive par un escalier. Cet appareil, composé de trois chaudières en cuivre, est de toute beauté ; les colonnes sont surmontées de petites statuettes. Cet appareil est de M. C. Heckmann. Ce magnifique produit des fonderies de cuivre est comme l'introduction dans le système minier de la Prusse.

L'intendance royale des mines et forêts nous présente à droite, en effet, les modèles des machines principales employées dans les travaux des mines du Hartz.

On y voit tous les échantillons de minerais et la conduite des travaux menés et rendus par M. Borchers, ingénieur. Cette énorme exposition occupe près d'un septième de la place réservé à la Prusse.

Le morceau d'acier fondu pesant 3,000 kilogrammes qui se trouve au milieu de l'exposition prussienne est un des produits de la Société des forges du Phénix. On remarquera aussi des morceaux de tôle immenses, des rails de fer fondu dans une dimension inusitée, des statuettes remarquables par le métal, puis enfin encore une exposition de la Vieille-Montagne. Elle expose là son système de substitution du blanc de zinc au blanc de plomb ou céruse.

MM. Petit et Edelbrach, de Westphalie, ont envoyé une série de cloches d'un beau métal, depuis des diapasons assez élevés. Elles ont cela de remarquable, c'est que leur alliage est moins dispendieux que l'alliage nécessaire ordinairement pour obtenir une sonorité égale.

Une grande horloge bavaroise exhaussée sur une

tour vient séparer cette exposition de celle de l'Autriche.

Autriche. — Les produits autrichiens débutent par une grande pyramide de vins des crus du Vœslau.

Les autres produits se rapportent presque tous aux industries agricoles ou forestières : des céréales, des instruments de culture, des animaux de basse-cour empaillés, des sucres de betterave venus de Bohême et de Moravie. Au centre, un élégant pavillon couvre une série d'élégants modèles d'instruments et de machines agricoles. On remarque une magnifique pyramide de bougies et savons exposés par la première association des savonniers d'Autriche, à Vienne. C'est une industrie fort répandue en Autriche, et il n'y a pas moins de 28 exposants de bougies et savons présents à notre exposition. Des fers, de la ferblanterie, des tuiles et des briques de Miesbach à droite, ont été aussi envoyés. Enfin un grand candélabre à quatre branches termine l'exposition.

La Belgique est la dernière de ces expositions détachées. Elle n'est remarquable que par quelques objets de sellerie évidemment imités de la sellerie française, et par un splendide assortiment de cheminées. On retrouve encore ici la Vieille-Montagne qui a exposé un énorme bloc de calamine. A côté on verra les belles cartes de Dumon, et l'on entrera en France.

France. — Les produits de l'horlogerie se présentent d'abord. Les objets exposés par Gourdin, fabricant breton, méritent une attention particulière (allée de droite), puis ceux de Colin, mais surtout ceux de Brunet, qui expose la série des instruments télégraphiques de l'État et des chemins de fer.

Mais l'exposition qui frappe entre toutes, et à juste titre, c'est celle de Wagner, le fabricant de presque toutes nos horloges de monument. Citons encore en passant Paul Garnier, Bréguet dans l'allée de gauche; laissons sous la galerie obscure les poids et mesures, et venons parmi les opticiens regarder l'exposition de Ch. Chevalier du Palais-Royal. Ses microscopes, ses télescopes réfracteurs, ses machines photographiques à

8

verres combinés, peuvent lutter avec la meilleure fabrication anglaise. Remarquons la belle épreuve du pavillon du Louvre sur albumine (allée de droite).

Nous passerons rapidement les confiseurs, en citant Bardouillet-Achard et Matthès qui ont exposé des pastillages très-élégants, comme seule en fait la fabrique de Paris; nous laisserons la parfumerie et les savons de côté en citant M. Farina, encore est-ce pour rappeler qu'au-dessus de lui, à la galerie du premier étage, dans l'exposition de Cologne, il s'en étale *onze* qui tous s'appellent Jean-Marie et sont tous le seul, le vrai, et arrivons à la métallurgie.

Les calorifères, fourneaux et fumivores se présentent d'abord; il faudrait les voir fonctionner pour y trouver quelque intérêt, et encore il y a 25 degrés dans l'annexe. Citons pourtant ce grand modèle d'appareil de chauffage et de ventilation appliqué à l'École polytechnique par Remy Duvoir et Cie; ce modèle est considérable et facile à comprendre. Citons, sur le côté, le système de l'hospice Lariboissière et celui des cuisines de l'Elysée Napoléon.

Puis arrivons aux cloches. Par un mécanisme particulier, à l'aide d'un simple fil, on met en branle des cloches d'un poids considérable.

Entrons maintenant dans les forges proprement dites, en ayant pour portique les forges d'Audincourt, offrant d'un côté des tuyaux et des pièces de fonte d'un travail énorme, et de l'autre des colonnes d'un marbre qu'envierait l'Italie.

En face du pont qui conduit au Panorama, Lanfray et Baud exposent une superbe chèvre de fonte dont il faut admirer l'immense légèreté. Cavé a fondu un marteau pilon qui pèse 3,000 kilogrammes.

De là on ira à gauche, le long du mur qui regarde la rivière, voir les élégants équipages de chasse qu'expose Aubin fils, ceux de Lepage, et les attirails de pêche de Kresz; puis l'on reviendra voir la plus belle pièce de fonte qui soit à l'Exposition, un arbre de bateau à vapeur exposé par Jackson, Petin et Cie, et qui ne pèse pas moins de 23,000 kilogrammes.

Les houilles françaises se présentent ensuite assez nombreuses et bien ordonnées. Dans ce grand carré noir, la seule chose qui puisse frapper le regard c'est le plan détaillé et amusant de toute l'exploitation du charbon de terre dans les mines d'Anzin, au centre, un peu sur la droite de l'annexe. On remarquera l'appareil de montée et de descente à ponts articulés et le trophée d'outillage des mineurs.

De là, on passe à l'exposition des colonies françaises.

Colonies françaises. — On a élevé, au centre de la galerie, une série de tables que couronne une espèce de pirogue et une idole nègre en marbre translucide. Sur ce dressoir se trouve un étalage de grains, écorces et fibres textiles, cafés, sucres, des défenses d'éléphant, des armes, des pagaies, etc., etc.

A droite, une vitrine contient des tabacs en carottes, en feuilles et en cigares.

A gauche, une collection en cire des fruits de l'île de la Réunion.

De chaque côté, des trophées d'armes sauvages. Sous les voûtes, des produits naturels.

Algérie. — On sait que l'Algérie continue à être régie et colonisée par les soins de l'armée française. C'est donc sous le patronage du ministère de la guerre que se présentent les exposants, comme l'indique la niche pleine de céréales qui la commence.

Ce fut en 1849 que l'Algérie fut appelée pour la première fois à exposer. « Elle le fit, dit le rapport de M. Ch. Dupin, presque avec timidité. »

L'Exposition de 1851 contribua à vaincre ce sentiment craintif. Plusieurs exposants algériens ne craignirent pas d'aller à Londres chercher et braver la concurrence des colonies anglaises. Mais ce qu'on remarqua en 1851, comme en 1849, ce fut la rareté des noms indigènes; aujourd'hui, c'est par des chiffres que l'on peut constater le progrès.

529 exposants des provinces d'Alger, d'Oran et de Constantine, se sont présentés, sur lesquels 291 seulement sont Européens; ce qui donne 238 exposants arabes, une réelle moitié, depuis les tribus les plus

éloignées de la plaine jusqu'à la corporation des nègres d'Alger, qui envoie des paniers, des ceintures, etc.

Les deux parties principales de l'exposition algérienne, sont les produits de l'agriculture et les produits forestiers.

Aussi le trophée élevé par le ministère de la guerre n'est-il qu'un faisceau agricole de toute beauté. Les blés durs et les blés tendres; les maïs, le safran, la garance, le lin cultivé et sauvage, le sucre, forment une partie de ce trophée.

Mais les objets qu'il faut surtout et avant tout remarquer, tant dans ce trophée que dans l'espace réservé à la colonie, ce sont les tabacs, les huiles et les cotons.

En 1849, la statistique constata que l'Algérie avait livré à la régie 300,000 kilogrammes de tabac; depuis, cette culture s'est développée dans des proportions telles, que le chiffre s'est élevé à 12,000,000 kilogr.

Quant aux huiles, que le visiteur me suive à droite sous la voûte et qu'il considère cet énorme tronc d'olivier qui porte pour étiquette: *Agé de mille ans;* cet échantillon a été emprunté aux oliviers séculaires de l'Atlas, qui fournissent plus de 25 millions de litres d'huile par an, huile de cette Kabylie que cet actif commerce civilise plus que tout autre effort humain.

Le coton enfin, et surtout la magnifique espèce de coton géorgie longue soie, se produit enfin en quantité notable à notre exposition. Or, cette production, c'est l'affranchissement pour la France du plus lourd tribut qu'elle ait jamais payé à l'importation, d'un tribut soldé par une industrie (celle des tissus de coton) qui ne met pas en mouvement moins de 800 millions par année.

On jettera un coup d'œil en passant sur ces vins rouges et blancs exposés en grand nombre et qui promettent d'aider nos marchés dans les mauvaises années, sur ces essais de café, d'indigo, de sucre; l'on regardera avec attention les nombreux produits végétaux envoyés par nos pépinières nationales, qui cultivent plus de 300 hectares et ont replanté plus de 600,000 mûriers, qui nous envoient ces beaux cotons et ces soies commençant à alimenter Lyon; puis enfin, après avoir vu les nombreux échantillons forestiers produits par l'administration des eaux et forêts et les particuliers, l'on jugera, dans les petites vitrines placées à gauche, des délicieux petits meubles fabriqués par nos ébénistes parisiens avec ces nouveaux matériaux, et principalement avec ce délicieux bois de thuya qui menace les bois étrangers de la concurrence la plus sérieuse.

En somme, pour terminer par un chiffre, nous dirons qu'il n'y a pas moins de trente maisons françaises qui exposent des produits fabriqués avec des matières premières venues de l'Algérie.

Après quoi nous monterons au premier étage.

GALERIES DU PREMIER ÉTAGE.

Quand, après avoir parcouru la longue galerie qui forme la première partie de l'annexe, on est arrivé au bassin central, avant de franchir cette limite importante placée entre les produits, deux escaliers se présentent qui conduisent aux deux petites galeries qui sont exhaussées au premier étage, de chaque côté de l'annexe.

En revenant donc sur nos pas et en montant l'escalier qui se trouve à gauche, lorsque nous faisons face vers la porte qui donne sur la place de la Concorde, nous nous trouvons dès l'abord dans la suite de l'exposition de l'Algérie. La première vitrine nous présente des livres relatifs à l'occupation, à la colonisation de l'Algérie, un portefeuille de savant, et un livre sur la langue arabe.

En suivant la ligne, on trouve des oiseaux du pays empaillés, d'immenses peaux d'autruches noires avec les plumes blanches, des œufs d'autruche curieusement peints et travaillés.

Les tissus algériens se présentent ensuite; ce sont des gazes et des soies lainées et brodées d'or, et de couleurs vives. On voit aussi deux poupées avec des costumes du pays, des chemises, des ceintures; au milieu de la galerie, des meubles en bois de thuya.

Viennent après une vitrine remplie d'objets de sellerie et de harnais, de magnifiques étriers dorés et damasquinés, des têtières de cuir repoussé, une selle de velours rouge et or, une autre de velours noir brodé avec un verset du Coran brodé en or, des chaussures en maroquin et des bottes rouges brodées d'or, des bottines charmantes, etc.

La vitrine suivante contient des armes, des fusils incrustés de nacre, des platines damasquinées à la mode des Maures.

Viennent enfin des robes fabriquées à Lyon avec des soies de la province d'Oran, une entre autres offerte à l'impératrice, puis tout le bataillon des écheveaux de soie blancs et jaunes, et enfin de magnifiques tissus jaunes et blancs pour ameublement.

Avant de traverser, jetons un coup d'œil sur l'autre galerie du premier étage, et nous aurons le complément de l'Algérie dans ces vitrines remplies de cocons qui terminent l'autre côté. Ajoutons aussi quelques produits agricoles.

Passons rapidement le long des papiers, citant seulement les noms d'Angoulême, d'Essonne, de Firmin Didot frères; longeons la partie où se trouvent tour à tour les opticiens, les fabricants d'instruments de précision, les faiseurs d'objectifs photographiques, les horlogers français, puis belges, puis autrichiens, puis prussiens. Citons les instruments de physique et de chimie de ces nations; des toiles cirées belges, des instruments d'acier, de la coutellerie autrichienne, un modèle de navire de Trieste, en Dalmatie; la bande des horlogers prussiens abrités sous de riches boutiques ornées de velours rouge, des papiers de tenture, du caoutchouc, des vins des provinces rhénanes et des toiles cirées de la Hesse, et arrivons de suite à la colonie hollandaise de Java, dont nous avons déjà vu le trophée dans la galerie d'en bas.

Il nous reste peu de chose à y ajouter : des nattes,

des bois, des tissus de couleur, des boucliers, et deux modèles assez curieux de maisons du pays.

On traverse ensuite une superbe collection de minéraux envoyés par le Piémont et la Sardaigne.

Trois dômes en bois de chêne bizarrement contourné, avec des escaliers, représentent le chef-d'œuvre des compagnons passants charpentiers. C'est une pièce curieuse de difficultés vaincues dans le travail du bois ; quelques modèles viennent après, puis l'on entre dans les colonies anglaises.

Le Canada n'expose, comme annexe à son exposition du bas, que des bois et des graines.

La Nouvelle-Zélande envoie un herbier, des vêtements, des armes en bois travaillé ; le cap de Bonne-Espérance, des dépouilles de ses grandes chasses, d'immenses peaux de lion, de jaguar, d'hippopotame, des minéraux, des plumes, et de nombreuses bouteilles de ce vin de Constance, fameux dans le monde entier.

La Tasmanie, ou terre de Van-Diémen, expose de fort belles collections d'insectes, des coquillages, des fourrures magnifiques. Le visiteur cherchera deux portraits d'indigènes, une vue intéressante d'Hobart-Town, et des daguerréotypes représentant des détails du pays.

Victoria, en Australie, dont l'exposition des produits aurifères est sur un des escaliers du grand palais, présente ici une magnifique collection de bois, des laines de moutons à demi-sauvages, des morceaux du quartz où l'on trouve l'or, des peaux de sarigue et de kanguroo. On remarquera du charbon anthracite, précieuse ressource pour la navigation à vapeur.

L'exposition de la Nouvelle-Galles du Sud est aussi formée de bois, de vin, de gingembre, de charbon ; le plan d'une ferme, des vues au daguerréotype, et une invention pour voyager dans l'air, de M. Blanc, à Sidney (Australie).

L'Inde et l'archipel Indien, en dehors de sa grande exposition du Palais, étale de nombreux minéraux, des produits alimentaires, du tapioka, de l'arrow-root, du salep, de l'huile de Madras, du thé hyson. Une vitrine renferme des fruits de l'Inde en cire, des boîtes de bois ciselées, des bijoux, deux bagues curieuses, des paniers, des nattes, etc. On remarquera des jouets, des arcs, toute une série de voitures agricoles et de bateaux pour les rivières, enfin un modèle fort curieux d'un mode d'irrigation mis en mouvement par des femmes hindoues qui montent sur une roue.

Tels sont les principaux produits contenus sur la galerie du premier étage, située à droite en venant de la place de la Concorde ; descendons aussitôt, et montons dans celle de gauche pour continuer à visiter les colonies anglaises.

La Guyane anglaise a envoyé un groupe d'oiseaux montés avec goût, fort beau et fort intéressant, accompagné de serpents empaillés, des objets tournés, des conserves, du bois, de fort beaux cotons et une vue de la Jamaïque.

L'île Maurice présente un hamac, du bois, des instruments de musique, du café, et un beau coco de mer des îles Seychelles.

Les îles Bahama et Malte n'ont encore qu'une petite serre chaude de 3 pieds contenant de petits palmiers et des plantes, et terminent la liste des colonies anglaises.

On traverse ensuite l'exposition de l'agriculture de l'Angleterre proprement dite, celle de l'Espagne, qui n'est pas encore déballée, et on trouve les produits alimentaires et les produits chimiques de Bade, de l'Autriche, de la Belgique et de la France. Remarquez les tabacs de Bade, les savons et les crayons autrichiens, et la visite de cette galerie sera terminée.

GALERIE DES MACHINES.

Le centre de l'annexe est occupé par un bassin de fonte, fabriqué par Béchu fils, de Paris.

Le bassin, d'une forme élégante, est constamment rempli par l'eau de la Seine, qui s'élance en forme de pluie et de jets d'eau d'un groupe de fleurs imitées en cuivre et coloriées avec une vérité étonnante.

A chaque angle du grand espace qui entoure ce bassin, quatre grues gigantesques s'élèvent et forment l'encadrement. Deux sortent des ateliers Cavé : la première peut soulever un poids de 6 tonnes, ou 6,000 kilogrammes ; la seconde peut remuer l'énorme masse de 36 tonnes, ou 36,000 kilogrammes. Les deux autres sont destinées à la marine : l'une, en bois naturel, est apte à être installée sur un navire ; la quatrième enfin, sortie des ateliers de M. Voruz, de Nantes, doit être particulièrement remarquée. C'est une grue mixte, qui peut être ou manœuvrée à bras d'homme, ou mise en œuvre par un pignon formant prolongement à la tige d'un piston de presse hydraulique, logé dans le fût de la grue.

On remarquera encore un spécimen de moulerie sorti des fonderies de Mazières et Leroy, et un bloc de calamine rouge, de la Vieille-Montagne.

En quittant cette sorte d'oasis, où les fleurs mêmes sont en bronze dans ce royaume du métal, on pénètre dans la galerie ; mais, avant d'y pénétrer, jetons un coup d'œil rapide d'introduction.

Deux grandes divisions ont été adoptées dans cette galerie ; celles de
1° Machines en repos,
2° Machines en activité.

Nous allons d'abord parcourir les machines en repos, et, en premier lieu, les deux cents mètres qui forment le tribut apporté par la France.

Ce tribut est une revanche de notre Exposition de 1851. La mécanique française s'était présentée en petit nombre et avec peu d'ardeur à Sydenham-Palace.

Pourtant, de 1845 à 1849, la France avait plus acquis dans cette branche que durant aucune autre période quinquennale. Chaque année, le mouvement naturel de notre population ajoute à nos adultes 300,000 individus, dont au plus 280,000 assez forts pour travailler. Dans les trois années 1845, 1846, 1847, la force totale de la vapeur, ajoutée aux usines fixes, aux chemins de fer, à la navigation fluviale et maritime, se trouve équivalente au travail de 276,000 hommes. En y joignant les forces hydrauliques et les forces éoliques, créées dans le même laps de temps, le total dépassait le travail de 300,000 hommes.

Or c'est le total de cette force de 300,000 hommes en France, multipliée par le progrès et la science, décuplée par le concours de l'Europe entière, qui se trouve renfermé dans cette galerie. Ceci posé, entrons dans la galerie des machines en repos.

Une magnifique ligne de géantes nous barre le passage, ce sont les locomotives. Une machine destinée au chemin de fer de Lyon, et construite d'après le système de M. Engerth, se présente en travers. La machine, les chaudières et la locomotive, sont liées ensemble et ne forment qu'un tout disposé de façon à équilibrer un poids de 60 tonnes ou 60,000 kilogrammes sur son essieu d'acier fondu. Ce poids énorme doit, par sa parfaite distribution même, contribuer à donner à la machine une adhérence qui lui permettra d'entraîner des convois chargés outre mesure des locomotives ordinaires, et de gravir des pentes de deux et trois centièmes.

A droite et à gauche se trouvent deux locomotives, l'une de M. C. Polonceau, construite dans les ateliers et sur les plans de cet ingénieur au chemin de fer d'Orléans. Cette locomotive présente les conditions les plus expresses et les plus rigoureuses du fini et de l'exécution précise qui aient été données jusqu'à ce jour.

On ira voir après la locomotive à détente variable qu'expose M. A. Kœchlin, sur la gauche de la galerie; cette autre en retour de celle d'Engerth, destinée au chemin du Midi, d'après le système Tank-Engine; enfin la locomotive de MM. Blavier et Larpent, située dans la partie droite de la galerie, locomotive à deux chaudières superposées, avec deux immenses roues couplées et un troisième essieu à l'avant, qui doit, dit-on, parcourir 60 lieues à l'heure.

La locomotive de Cail et Cie nous présente le triomphe de la précision. Ce fut en 1849 seulement qu'une exposition put constater qu'on avait transformé les usines de construction en véritables ateliers de précision, afin d'atteindre une perfection nouvelle. On avait fabriqué ces grandes machines-outils, dont le travail rigoureusement régulier exécute, sous les auspices de la géométrie, des plans, des cercles, des cylindres, des cônes en bois, en cuivre, en fer, en acier, avec le dernier degré d'exactitude.

Or, la première des grandes locomotives à six roues construite avec les outils-machines les plus précis, mise en jeu sur le chemin de fer du Nord, a parcouru, somme totale, 35,000 kilomètres avant d'avoir besoin d'une seule réparation.

Un septième en plus, et c'était l'équivalent du tour de la terre qu'elle eût parcouru sur les rails, sans avoir éprouvé le moindre dérangement.

C'est ce que vous disent MM. Cail et Cie dans le tableau annexé à leur locomotive présentée après service. Douze locomotives du système Crampton ont parcouru chacune 40,912 kilomètres par an, et après six ans de service, elles fonctionnent encore sur le chemin de fer du Nord.

Sur le côté, on voit une machine de 80 chevaux, destinée à un bateau pour l'Ebre (Espagne).

A droite et à gauche de la galerie, appliquées aux murailles, se voient un grand nombre de peaux exposées par les tanneurs français. A droite, le long du Cours-la-Reine, une série de petites machines et d'appareils destinés à la meunerie. Enfin une immense machine à papier de M. Lhuillier jeune, de Vienne (Isère).

Au centre s'élève la belle machine de MM. Bérard, Levainville et Cie, à Paris. C'est un grand appareil pour le lavage de la houille, la séparation des schistes et le lotissement immédiat de la houille lavée. La puissance de l'appareil est telle qu'il peut épurer 150,000 kilogrammes de houille en dix heures. En 1851, M. Bérard avait envoyé le dessin de cette grande machine, avec les produits obtenus, à l'Exposition universelle de Londres. Le jury anglais lui décerna une grande médaille sur le seul vu de ces échantillons.

A côté se trouvent placés les appareils de sondage de M. Mulot. M. Mulot est une des vieilles réputations françaises; c'est à lui que l'on doit le forage remarquable du puits de Grenelle, exécuté contre tant d'obstacles et avec tant de succès. Le visiteur peut voir une coupe de ce forage suspendue dans son exposition. L'appareil à quatre outils qu'il expose est destiné au forage des avaleresses, et doit, dit M. Mulot, forer un trou de 4 mètres de diamètre. On voit aussi la coupe d'un puits foré à Épinay par ce système, et des échantillons géologiques des terrains traversés.

Un grand appareil élevé sur un piédestal se présente ensuite vers le milieu de l'annexe : c'est le moulin à friction mû par une turbine, de MM. Fromont, Fontaine et Brault, de Chartres. Le volant morette permet d'embrayer et de débrayer chaque meule pendant la marche. Les vannes sont formées d'un ruban circulaire qui s'enroule sur deux cônes manœuvrés à la main, de façon à entr'ouvrir symétriquement la fraction d'espace qui doit livrer passage à l'eau.

Autour de l'appui maçonné du moulin de M. Fontaine, il est bon de remarquer deux machines pour navires à hélice construites par M. Gâche, de Nantes. Ces deux machines sont construites d'après le système à disposition concentrée. Les deux cylindres à angle droit sont l'innovation la plus importante de ces pièces. L'on peut voir l'espace qu'elles occupent à l'arrière du bâtiment à vapeur, et le système par lequel elles sont reliées à une hélice à deux branches, dans le petit modèle en bois qui est au pied.

A gauche, après avoir jeté un coup d'œil sur une série de petites machines telles que bobinoirs, tours, machines à aléser, machine à raboter, nous arrivons à une série de machines à vapeur à point fixe, destinées à être employées dans les ateliers industriels pour y servir de moteurs.

M. Martin aîné a exposé une machine à cylindre horizontal et à détente.

M. Scott, de Rouen, présente une machine de quarante chevaux, dont le piston pèse 1,300 kilogrammes. L'Ecole impérale des arts et métiers d'Angers expose une machine alimentaire, et celle d'Aix un moteur à cylindre horizontal. Ces deux écoles sont deux institutions du gouvernement dans lesquelles des élèves, formés par des maîtres spéciaux, se préparent à devenir les chefs des ouvriers de nos forges et de nos ateliers de mécanique.

Il sera facile au visiteur, si étranger qu'il soit à la mécanique, de remarquer le système adopté par M. Boyer; mais il ne pourra s'empêcher de remarquer aussi l'extrême lourdeur de la machine à deux cylindres oscillant sur un seul axe.

Les machines horizontales de M. Farcot sont d'autant plus intéressantes, qu'on regardera auparavant six machines à double cylindre et à balancier de MM. Scott, Powell, Lheureux et Lacroix. Ces grandes machines moteurs, construites dans des dimensions considérables et avec un luxe extrême, sont recherchées préférablement par nos filateurs de Lille, de Roubaix, de Rouen, de toute la Normandie et même d'une grande partie de l'Alsace. On s'est habitué à elles et on y trouve une réelle économie de combustible et une marche régulière. Cependant le type des machines horizontales paraît dominer dans cette exposition, grâce au perfectionnement de la machine de M. Farcot, perfectionnement qui, par la parfaite régularité du volant, amène la régularité dans la marche générale.

Nous arrivons à la section des machines-outils.

La plus remarquable de toutes est, à n'en pas douter, le tour qu'a exposé M. Polonceau, destiné à tourner les roues de vagon montées sur essieu. Nous avons déjà rencontré M. Polonceau à l'entrée de cette galerie, pour une locomotive. Le tour est composé de quatre outils marchant simultanément, que le visiteur remarquera en se rendant compte de la difficulté vaincue dans l'art de tourner ces immenses pièces qui exigent une précision quasi géométrique.

Avant de passer, il est curieux d'examiner, auprès du tour de M. Polonceau, la grande machine à raboter de MM. Wawall, Midletton et Elwell, dont le système frappe immédiatement l'esprit.

Vers l'entrée de la galerie, à gauche, le visiteur fera quelques pas en arrière pour s'arrêter un instant devant les appareils de sondage de MM. Degousée et Laurent, rue de Chabrol, à Paris. Les dignes successeurs de M. Degousée père nous présentent, dans une vitrine peuplée d'échantillons, un charmant modèle de sondage à vapeur, avec tous ses agrès divers. On remarquera la simplicité du sondage à la corde de métal qui s'enroule sur un tambour mû par une machine à vapeur horizontale. C'est elle qui soulève et laisse retomber alternativement l'outil sondeur. Ce modèle a été construit des propres mains de M. Laurent Degousée, un des jeunes ingénieurs qui dirigent la maison.

En continuant sur la rive gauche, on trouvera le treuil à vapeur des mêmes exposants et trois marteaux-pilons assez curieux.

De là nous continuerons à redescendre la rive droite, où nous signalerons une ingénieuse machine de M. Pfeiffer-Paris, qui sert à relier les livres; puis enfin deux ravissants modèles de distillerie agricole.

L'un, le plus considéré, a été exécuté par MM. Hurtrel frères d'après le système le Play. On y suit dans tous ses détails, avec une perfection exquise, le système complet de cette industrie nouvelle, fort importante à étudier pour les résultats qu'elle pourra donner par la suite.

La seconde distillerie, située également à droite, a été construite d'après le système Champonnois.

C'est par la distillerie de Cail que nous terminerons l'examen de la galerie des machines en repos.

Nous citerons, dans cette place à part réservée aux produits de la maison Cail et Cie, maison qui n'a pas fourni moins de quatre-vingts locomotives aux chemins, du mois de janvier au mois de juin, son grand appareil pour la distillation du sucre. Ce système gigantesque, construit en cuivre, présente une série de tuyaux parmi lesquels le sucre passe dans ses différents degrés de préparation et dépose successivement tous les résidus que le raffinage en extrait. Il est, comme le visiteur pourra le voir, divisé en trois parties principales, toutes les trois construites sur des plans gigantesques.

Machines mises en mouvement.

Avant d'entrer dans la galerie des machines mises en mouvement, nous expliquerons en quelques mots seulement le système général employé pour donner la vie à toutes ces œuvres diverses.

La galerie du quai de Billy se trouve, comme son nom l'indique, placée le long de la Seine; la partie située à droite en entrant n'est pas à plus d'une douzaine de pieds de distance du parapet du quai.

Dans cet espace, et en empiétant sur les berges, ont été établis deux systèmes de machines :

1° Une machine alimentaire;
2° Des machines génératrices de vapeur.

La machine alimentaire, qui se voit à l'intérieur de l'exposition, vers le tiers de la galerie, et est entourée de tout un système de pompes, a été construite par M. Atkins, et n'a que quatre chevaux et demi de force. Elle prend l'eau de la Seine, l'élève et l'envoie aux machines génératrices de vapeur.

Le long de la rivière, sur la portion du quai libre, on a élevé de grands pilotis sur lesquels un plancher a été établi, et sur ce plancher se trouvent placées les machines génératrices. Elles sont en ce moment au nombre de quatre d'une quarantaine de chevaux environ chacune, auxquelles sont adjointes de petites machines alimentaires.

Ces machines génératrices communiquent avec de grands tuyaux recouverts de laine qui, pareils à des artères destinées à répandre et à propager le mouvement, vont se ramifier dans toutes les parties de la galerie des machines en mouvement et porter la vapeur au troisième groupe du système général : les machines motrices.

Les machines motrices, distribuées de loin en loin dans la galerie, alternativement à droite et à gauche, sont chargées d'imprimer le mouvement à l'arbre de couche.

L'arbre de couche, placé sur des supports élevés, en fonte de fer, est lui-même en fonte ; il est garni de roues de dimensions tout à fait différentes, suivant les machines qu'il est destiné à mettre en mouvement ; c'est le dernier agent de transmission de tout le système.

Ainsi cette organisation est composée de cinq parties distinctes :

1º La machine alimentaire ;
2º Les machines génératrices ;
3º Les tuyaux qui conduisent la vapeur ;
4º Les machines motrices ;
5º L'arbre de couche.

C'est par l'agencement de toutes ces parties que l'eau, puisée au pied de l'annexe, dans la Seine, finit, sous forme de vapeur, par porter la vie dans toute cette galerie qui se déroule devant nous.

On remarquera, en entrant à droite, une machine à fabriquer les bouchons. Elle en fabrique 1,600 à l'heure, d'un seul jet. Cette machine fait pendant à la première machine motrice construite dans les ateliers de Revallier, à Saint-Étienne ; à côté, la machine qui a frappé les médailles de l'Exposition.

Au centre, on trouve une belle machine pour fabriquer la dentelle. Cette machine fonctionne à l'aide d'un moteur à vapeur de deux chevaux et demi, qui, dans l'atelier de Calais, où il est employé, suffit pour mettre en mouvement quatre ou cinq machines de cette nature.

A côté se trouve une petite machine à fabriquer les capsules, qui agit à l'aide d'un poinçon perforant une feuille de cuivre continue ; autour sont des machines à chocolat, dont une qui sert à l'envelopper, et une autre à le fabriquer sans feu.

Différentes machines de tissage et d'impresion se rencontrent ensuite ; mais ce qui doit surtout attirer l'attention, c'est une ingénieuse machine à fabriquer les bois de fusil, qui, prenant le morceau de bois à peine équarri, le manie, le façonne, le polit, et vous rend un instrument sur lequel il n'y a plus qu'à monter le canon et la batterie. La perfection des trous à vis est surtout un résultat précieusement obtenu.

Laissant au côté droit une machine typographique trop compliquée, nous trouvons à gauche une machine à faire le papier, fort belle et très-active, puis une machine alsacienne pour distiller.

Au milieu, une presse mécanique à journaux, qui imprime 6,000 exemplaires à l'heure. Le grand rouleau, bien lancé, doit accomplir 13 tours, et les petits 67, à la minute. Puis une petite machine en caoutchouc avec laquelle on obtient le même dessin, de plusieurs grandeurs différentes.

A gauche se trouvent des modèles curieux de haut fourneau, puis une machine à coudre.

Les machines à coudre sont un des problèmes les plus posés et les plus cherchés du moment. Les Américains en ont envoyé de deux systèmes.

Après la machine à coudre, on voit le grand appareil dit torréfacteur de Roland. Cette grande machine, fort importante et très-réussie, a pour but de torréfier, sécher et ventiler les céréales.

On passe à côté du deuxième moteur, machine de la force de vingt chevaux, construite par Bourdon, à Paris, et l'on entre dans le domaine des machines à tisser, à feutrer, etc. On remarquera une machine à fabriquer les cardes, qui reçoit séparément planchettes, manches et aiguilles, et rend une carde toute fabriquée.

C'est à gauche de la galerie, dans le mur, que l'on rencontre alors la machine alimentaire de vingt chevaux, qui sert à remplir les réservoirs d'eau pour les machines génératrices. Elle sort des ateliers de MM. Flaud et Cie.

A droite se trouve une nouvelle machine à coudre.

Au centre, les métiers, les machines d'André Kœchlin; à la suite, un grand nombre de machines exposées par les filateurs du Haut-Rhin, Thann, Mulhouse, Guebviller, etc., machines toutes un peu lourdement conçues.

M. Narbly, de Mulhouse, a exposé là toute une collection de machines à percer, à tarauder; l'une de ces machines, à droite, au centre, doit attirer l'attention par la puissance de sa vis de percement qui n'a pas moins de six pouces de diamètre.

C'est là que l'on rencontre le quatrième moteur, construit par M. Farcot, du port Saint-Ouen.

Il nous reste à traverser la partie de la galerie destinée aux machines étrangères.

En entrant en Belgique, la première chose qui frappe la vue, c'est un appareil placé à gauche, construit par MM. Cail, Halot et Cie, et destiné à l'épuration du sucre. Cet appareil est construit dans un système analogue à celui de M. Cail de Paris.

La Belgique a aussi exposée deux locomotives, dont l'une, fort belle, est de M. Hamon-Sabatier, de Liége.

On ne s'arrêtera guère en Autriche que devant des appareils de pesage pour chemins de fer, appareils fort ingénieux, mais fort compliqués. L'Autriche a pourtant exposé une locomotive du système Crampton modifié, destinée aux chemins de fer de Bohême.

On s'arrêtera également devant plusieurs voitures sortant des ateliers viennois. On remarquera surtout une berline à cou de cygne d'une élégance parfaite. On remarquera aussi une voiture de gala extrêmement ornée, qui sert au maire de Vienne, dans les fêtes solennelles de l'Autriche.

Devant nous maintenant se trouve la série des machines anglaises.

D'abord, la première chose qui se présente, à droite, c'est une voiture d'incendie, armée de tout l'attirail des pompiers, voiture surchargée de lances, tuyaux, pompes, casques, armure complète. Elle a un siége élevé, deux fortes lanternes, et est destinée à être traînée par deux chevaux, ce qui forme un contraste complet avec notre système de pompe, léger, leste, maniable à bras.

Une longue file de voitures, toujours à droite, représente la fameuse carrosserie anglaise, voitures de promenade, berlines, voitures de chasse, voitures se démontant.

Au centre s'aligne tout le bataillon des métiers de Birmingham, Manchester, Leeds, etc., parmi lesquels sont de nombreuses connaissances de l'Exposition de Londres. Citons pourtant en passant le métier mû par la vapeur de James Hart de Coventry, métier qui sert à fabriquer les rubans.

Un peu plus loin, une machine à fabriquer les cordes est exposé par Toxwell de Manchester.

Puis des rails de Birmingham; puis une locomotive autrichienne appelée *Wien-Raab,* avec une cheminée en entonnoir; puis une locomotive hanovrienne et quelques métiers à tisser envoyés par l'Allemagne.

La Prusse nous a envoyé une locomotive à laquelle par galanterie elle a donné le nom de Paris. On voit encore une locomotive badoise fabriquée à Carlsruhe, petite et légère comme il convient aux machines destinées à parcourir les chemins rhénans, les plus étroits de l'Allemagne; une locomotive anglaise appelée *Emperor,* d'une belle exécution, avec un système de détente non encore appliqué; puis une machine à forer de grosses pièces de fonte, etc.

A droite, on ira voir des modèles intéressants de locomotives, de tenders et de rails.

De là au centre, la machine à couper les métaux, envoyée par les États-Unis, et la machine à coudre inventée par Seymour, également américaine.

Une distillerie hollandaise, tout à fait à l'extrémité de l'annexe, doit aussi attirer l'attention, qui se portera en dernier lieu sur un moteur construit par Cail et une maison hollandaise.

Notre visite nous a ainsi menés jusqu'à l'extrémité de la galerie du quai de Billy, qui se termine à l'avenue Montaigne, en face de l'exposition des Beaux-Arts.

II. — EXPOSITION DES BEAUX-ARTS.

AVERTISSEMENT.

Ce *Guide* a pour objet de rendre moins fatigante et plus rapide la visite des salons et galeries où sont exposés les objets d'art.

Il prend le lecteur à son entrée dans le bâtiment et le conduit dans toutes les salles, dans toutes les galeries, en suivant le chemin le plus logique et le plus court ; en se trouvant devant une toile intéressante, on n'a qu'à jeter les yeux sur son livre, afin d'avoir sur-le-champ l'explication du sujet et le nom de l'auteur. C'est un véritable guide dans ce dédale de galeries et de salons, où l'on peut s'égarer facilement et perdre un temps précieux à passer et repasser devant ce que l'on a déjà vu, sans arriver aux tableaux que l'on désirerait connaître.

Ainsi, si l'on suit avec soin l'ordre indiqué par le Guide et les signes placés sur le plan qui y est joint, on pourra être sûr, en sortant, d'avoir tout vu.

Mais ce n'est pas là le seul avantage de ce *Guide*. Il est à peu près impossible aujourd'hui de retrouver dans l'Exposition un tableau si le numéro ne vous en est pas donné et si vous ne connaissez que le nom de l'auteur. Avec ce Guide, en quelques secondes on est sûr d'aller droit à la toile que l'on cherche. Il suffit de chercher le nom du peintre à la Table alphabétique des auteurs, et la page vous fera connaître dans quelle salle l'œuvre se trouve, à côté de quels tableaux elle est placée.

Ce livre est absolument indispensable aux personnes qui veulent voir vite et bien, et qui désirent éviter l'ennui de nombreuses et fatigantes recherches.

INTRODUCTION.

Un décret impérial, en date du 8 mars 1853, porte qu'il sera ouvert à Paris, le 1er mai 1855, une Exposition universelle des produits de l'agriculture et de l'industrie.

Dans un pays comme la France, où les beaux-arts occupent une place aussi importante, laisser les artistes en dehors de ce grand concours de toutes les forces intellectuelles des nations civilisées eût été un fait regrettable. Cette lacune fut comblée le 22 juin 1853 par un décret spécial rendu sur la sollicitation de S. M. l'impératrice (1).

Le décret qui instituait une Exposition universelle des beaux-arts en 1855 supprimait, par une conséquence toute naturelle de cette mesure, l'exposition annuelle de 1854. Les deux expositions périodioques de 1854 et de 1855 ont donc été confondues, cette année, dans un congrès solennel où toutes les nations du monde ont envoyé les chefs-d'œuvre de leurs plus grands artistes.

Les Allemands y sont représentés par des noms illustres : MM. Cornelius et Kaulbach, dont les magnifiques compositions rivalisent avec les cartons que M. Chenavard avait préparés pour la décoration du Panthéon;

(1) Voir, pour les documents officiels, au commencement du volume.

MM. Bégas, Rosenfelder, Eybel, ont retracé de grandes pages de l'histoire. Dans une région moins élevée, on remarque les tableaux de genre de MM. Meyerheim, Krüger, Schnetz, Kalckreuth, etc. Les paysages des deux illustrations des écoles de Dusseldorff, MM. Achenbach et A. Leü; les portraits de Richter, Rœting et Magnus; les sculptures de Drake, Kiss et Rauch.

L'Angleterre offre les chefs-d'œuvre de Landseer, le peintre d'animaux, populaire en France par ses magnifiques gravures; Mulready, Castlake, Hook, Leslie, Lewis, Fielding, etc. Des aquarelles, qui valent à elles seules plus que de grands tableaux, assurent à l'Angleterre une supériorité incontestable dans ce genre.

La Belgique est venue au combat avec le ban et l'arrière-ban de ses plus valeureux champions: aussi tient-elle avec honneur le drapeau tant de fois illustré par les Rubens, les Van-Dyck, les Téniers, les Van-Ostade, et tant d'autres que le monde ne cesse d'admirer; MM. de Keyser, de Knyff, Leys, Portaels, Robbe, les deux Stevens, Verboekoven, Willems et Geefs, figurent au premier rang dans cette puissante cohorte. On regrette que M. Gallait n'ait pas jugé à propos de se joindre à ses compatriotes.

Les Hollandais ont envoyé Bosboom, Koekkoek, Meyer, Pieneman, Verveer, etc.

La Suisse a un seul paysage de M. Calame, qui en a tant fait; trois paysages de M. Diday, et des tableaux de genre de M. Grosclaude, le peintre qui fait toujours rire.

En Italie, on remarque une toile de M. Gaëtan Ferri; en Espagne, M. Lopez, peintre de portraits, et M. Federico Madrazo, soutiennent honorablement la réputation des compatriotes de Murillo.

Enfin, l'autre hémisphère est dignement représenté par MM. Babock, Healy et Hunt, pour les États-Unis; Laso et Merino, pour le Pérou.

La France, qui, malgré la grande sévérité du jury, occupe plus de la moitié des salons, est venue en lice armée de toutes pièces. Elle a voulu offrir à ses hôtes les plus belles perles de son écrin. MM. Ingres, Delacroix,

DES BEAUX-ARTS.

Horace Vernet, Decamps, ont réuni là tous leurs chefs-d'œuvre. Les noms illustres, ou destinés à le devenir, abondent dans les salles ; mais on regrette que deux peintres qui sont justement admirés se soient abstenus de prendre part à cette fête universelle des beaux-arts : MM. Delaroche et Gleyre n'ont point envoyé leurs œuvres à l'Exposition.

On voit, par ce rapide coup d'œil, que l'Exposition universelle des beaux-arts est vraiment digne d'un immense intérêt. C'est la première fois que se produit un semblable concours des chefs-d'œuvre artistiques de tout un siècle. Ce fait sans précédent ne se reproduira peut-être jamais.

C'est une grande gloire pour la France d'avoir inauguré chez elle ce congrès universel des beaux-arts.

RENSEIGNEMENTS GÉNÉRAUX.

Le bâtiment destiné à l'Exposition universelle des beaux-arts est situé entre la rue Marbeuf et l'avenue Montaigne. L'entrée publique ouvre sur l'avenue Montaigne, en face de l'extrémité ouest de la grande galerie annexe de l'Exposition de l'Industrie, qui occupe la majeure partie du Cours-la-Reine. Il suffit, pour arriver à l'entrée du palais des beaux-arts, de longer cette galerie, en suivant la chaussée du Cours-la-Reine, qui conduit à Passy.

On entre par quatre portes donnant toutes sur le perron semi-circulaire qui fait face à la jonction de l'avenue Montaigne et du Cours-la-Reine. Il faut préparer d'avance le prix d'entrée, qui est de 20 centimes le dimanche ; 1 franc les lundi, mardi, mercredi, jeudi et samedi ; 2 francs le vendredi. Les employés préposés à la perception des droits d'entrée ne rendent pas de monnaie ; un bureau de change est placé dans une petite baraque en forme de chalet, située devant la porte, au centre du perron.

Vue extérieure du Palais des Beaux-Arts.

L'Exposition est ouverte de neuf heures à cinq heures.

A droite et à gauche de l'entrée se trouvent des vestiaires où l'on dépose, si on le juge convenable, les cannes et parapluies ; il n'est dû *aucune espèce de rétribution* aux employés chargés de vous remettre le numéro en échange des objets qui leur sont confiés.

A droite, en entrant, se trouve un buffet où l'on peut se rafraîchir en restant debout. A l'extrémité du bâtiment, on a installé un restaurant où l'on peut déjeuner assis, à des tables séparées. On pénètre dans ce restaurant par la grande salle de la sculpture française.

La construction générale du palais forme un parallélogramme de 136 mètres de longueur sur 72 de largeur. Elle se compose de deux salons de 21 mètres sur 23, au milieu desquels se trouve un troisième salon d'une grandeur double des deux autres. Autour de ces pièces règne une première galerie de 11 mètres de largeur qui les enveloppe de toutes parts et qui est elle-même divisée en salles oblongues ou carrées, suivant les faces extérieures des trois salons. Autour de cet ensemble règne une longue galerie continue qui fait le tour de l'édifice. Enfin, parallèlement aux deux grands côtés du parallélogramme, sont disposées de petites salles supplémentaires destinées soit à recevoir les tableaux qui n'ont pu trouver place dans les salons et les galeries, soit à renfermer les œuvres refusées qui n'ont point encore été retirées par leurs propriétaires. Ces derniers locaux sont à peine éclairés, et les artistes les ont appelés du nom significatif de *salles des morts*.

Le salon destiné à la sculpture française a 80 mètres de longueur sur 21 de largeur, et forme un bâtiment à part du côté de la rue Bizet, communiquant avec la galerie circulaire par deux entrées. C'est par ce salon qu'on arrive au restaurant dont nous avons déjà parlé.

Aux deux angles de la salle d'entrée, un escalier conduit à l'étage supérieur, composé d'une galerie continue, située immédiatement au-dessus de celle du rez-de-chaussée, et destinée à l'exposition de la gra-

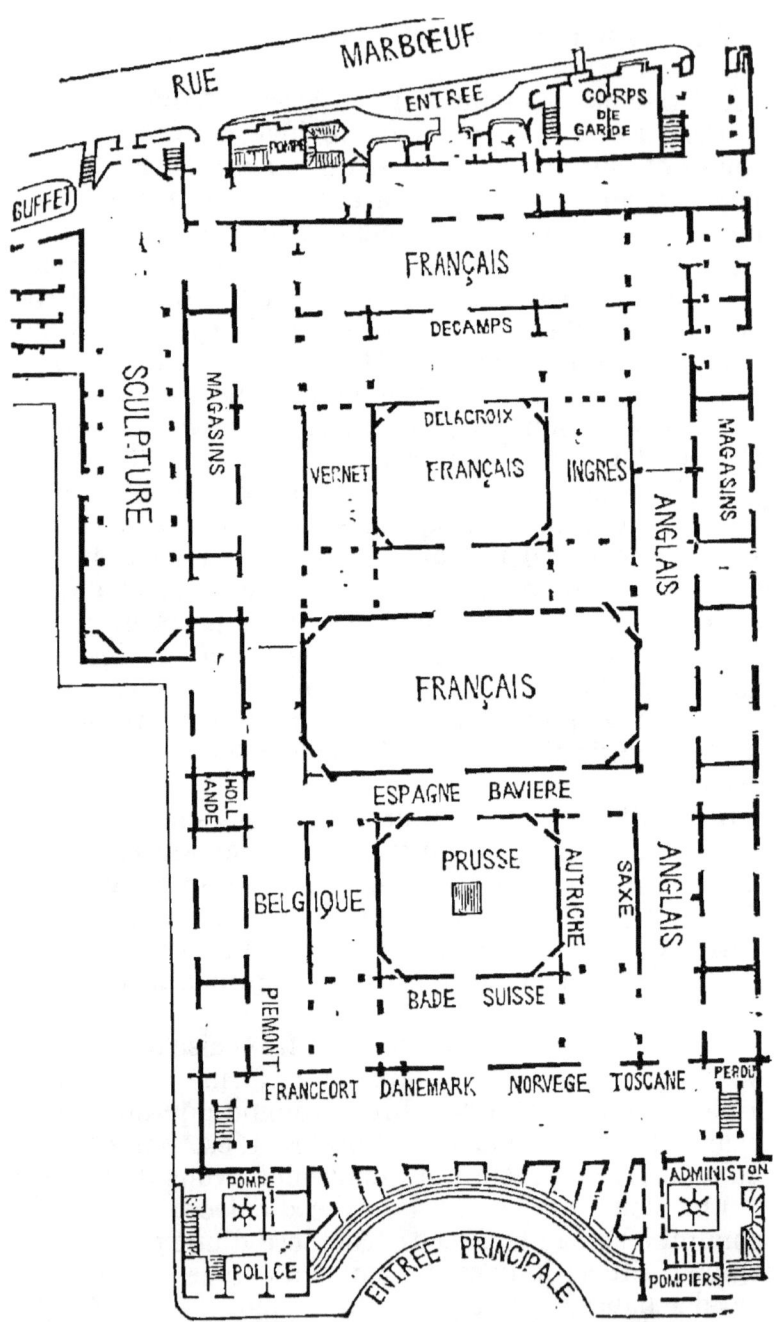

Plan du palais des Beaux-Arts.

vure, de la lithographie et de l'architecture. Cette galerie offre un développement de 314 mètres.

Les salles et galeries communiquent entre elles par de larges ouvertures ornées de vieilles tapisseries du garde-meuble, dont le ton harmonieux, adouci par le temps, fait ressortir merveilleusement la fraîcheur de coloris des tableaux qui les encadrent. Ces nombreuses ouvertures rendent la circulation très-facile, dans toutes les salles, au moment de la plus grande foule.

Des précautions intelligentes ont été prises contre la chaleur, qui pourrait devenir très-incommode pendant les jours d'été. Un long canal souterrain apporte incessamment, par quatre bouches ouvertes sous les divans circulaires des grands salons, un courant d'air frais venant des caves, et déterminé par des ouvertures nombreuses ménagés dans la toiture.

Les valeurs immenses confiées à un bâtiment provisoire construit presque entièrement en bois et en plâtre, ont vivement préoccupé l'attention de M. Lefuel, architecte de l'Exposition. Un incendie pourrait détruire en quelques heures des richesses artistiques qui ne peuvent être évaluées en argent, et dont la perte serait un malheur irréparable; les exposants anglais ont été si vivement frappés de ce danger, qu'ils ont hésité quelque temps à envoyer leurs produits à l'Exposition. Leurs craintes étaient exagérées : outre que les plus minutieuses précautions sont prises par l'administration chargée de la police intérieure pour éviter toute imprudence, on a construit à l'angle de la salle des sculptures, à 14 mètres d'élévation, un vaste réservoir d'eau jaugeant 4 mètres cubes; sur ce réservoir est constamment en sentinelle, nuit et jour, un pompier prêt à agir au premier signal. Environ quarante-huit robinets d'un fort calibre, alimentés par les conduits de Chaillot, de Monceaux et du Panthéon, et placés sur différents points du bâtiment, peuvent être ouverts instantanément et fournir de l'eau en abondance pour le service des pompes. Enfin deux nombreux postes de sapeurs-pompiers sont installés, avec leurs pompes, aux deux extrémités du bâtiment.

Nous allons maintenant conduire nos lecteurs dans les différentes salles de l'Exposition ; ils pourront, notre Guide à la main, voir en quelques heures tout ce que les salons renferment de remarquable et trouver l'explication des tableaux qui pourront les intéresser.

Pour les expositions étrangères, les écussons armoriés attachés aux murs au-dessus des rangées de tableaux, aideront déjà beaucoup les recherches.

L'Exposition universelle des beaux-arts compte plus de cinq mille œuvres de peinture, de sculpture, de dessin, de gravure ou de lithographie. Pour examiner en détail cette énorme quantité d'œuvres d'art, il faudrait nécessairement plusieurs jours si un guide intelligent n'indiquait aux visiteurs les principales choses à voir, en négligeant les œuvres d'un médiocre intérêt ou de peu de mérite. Nous avons fait un choix dans l'Exposition, après avoir consulté un grand nombre d'hommes de goût et des gens spéciaux ; nous avons eu soin de faire entrer dans notre cadre, avec la plus grande impartialité, toutes les œuvres des maîtres de tous les pays et le plus grand nombre possible des œuvres d'artistes encore inconnus.

VESTIBULE.

Villes hanséatiques et Saxe. — A gauche en entrant dans le vestibule, on trouve d'abord l'exposition peu nombreuse des villes hanséatiques et de la Saxe ; il y a cinq ou six tableaux à voir : les Peintres en récréation dans un atelier, de M. Geusler, de Hambourg (n° 2146); un Marché aux poissons, par Mlle Wolfhagen, de Dresde (1947); le Songe de Faust, par M. Schuback, élève de Cornelius (2155); une Vue du lac de Wurmsee, par M. Hermann, de Hambourg (2150); enfin deux Effets de neige, par M. Kauffmann, de Hambourg (2151-2152).

La Toscane se trouve aussi de ce côté ; elle est encore bien pauvre. Que sont devenus les beaux jours de l'art florentin? Une Eve pécheresse, de M. Bezzuoli (2136); le portrait en pied d'un cardinal, par M. Mazzochi de

Bellucci (2139); une copie d'après Fra Angelico (2140), forment à peu près toute son exposition.

La Suède est encore dans le vestibule, en face de nous, à droite quand nous entrons. Cette exposition renferme des peintures remarquables, surtout par les mœurs qu'elles nous révèlent. La Suède et la Norvége ont été peu décrites par leurs littérateurs; ce sont les peintres qui nous les font connaître.

M. Kiorboë a peint une Course de trotteurs sur un lac de Suède (1982); M. Bergh, de Stockholm, des Paysans suédois se rendant en traîneau à la messe de Noël (1966); M. Nordenberg, de Bleking, un Invalide suédois racontant les épisodes de sa vie militaire (1982); M. Larson, de Stockholm, une Pêche aux flambeaux (1979); M. Hockert, de Jôn Kôping, un Prêche dans une chapelle de la Laponie suédoise (1970). Cette toile, exécutée avec un talent remarquable, a attiré l'attention des artistes et des amateurs.

Nous remarquons, dans la Norvége, quelques tableaux du même genre :

Des Funérailles dans la campagne de Norvége, par M. Tidemand, une des renommées artistiques de la Norvége (2023) : les personnages portent le costume national du dix-huitième siècle; une Vue prise dans les hautes montagnes de la province de Bergen, par M. Gude, de Christiania, professeur à Dusseldorf (2015); une Vue prise dans la vallée de Marie, près Christiania, par M. Dahl, de Bergen (2011).

L'exposition du Danemark suit immédiatement celle de la Norvége. On y remarque deux fort belles marines, par M. Melbye, de Copenhague, décoré en France l'année dernière : elles représentent un Vaisseau de ligne danois, vent arrière, et un Combat naval entre les Danois et les Suédois, en 1677 (529, 530).

La Hesse électorale et la Hesse grand-ducale ont deux tableaux dus au pinceau d'un seul peintre, M. Bassel, de Darmstadt : le Médiateur (1512) et la Saisie (1513).

Le Pérou est représenté par deux artistes, M. Laso et M. Merino, de Lima. M. Laso, élève de M. Gleyre, a exposé une des toiles remarquables du salon, représentant un Habitant des Cordillères (1654); M. Merino a exposé une Halte d'Indiens péruviens (1651) qui est aussi très-intéressante.

On a exposé dans ce vestibule, sans numéro, une charmante toile de M. Gérôme, peintre français, élève de M. Delaroche, intitulée : un Souvenir du Danube en 1853. Ce tableau, qui a été admis *par ordre* après l'ouverture de l'Exposition, représente des Russes au camp, prenant leur récréation : ils chantent en rond, tandis qu'un de leurs camarades exécute au milieu du cercle une danse fantastique; un sous-officier se promène entre les groupes, le knout à la main, prêt à stimuler ceux qui ne paraîtraient pas assez joyeux. Ce tableau a le double mérite de l'actualité et d'une grande exactitude. M. Gérôme a peint ce qu'il a vu.

GALERIE SARDE.

États Sardes. — L'exposition des États Sardes se trouve dans la galerie à gauche en entrant. Elle compte 18 artistes qui ont composé 36 tableaux.

La toile la plus importante de cette exposition est due à M. G. Ferri, de Bologne, élève de M. Delaroche; elle représente un jeune Soldat blessé, renvoyé dans sa famille, apprenant la nouvelle de la mort de son général, l'ex-roi de Sardaigne, Charles-Albert, mort à Oporto (Portugal), le 28 juillet 1849, peu de temps après son abdication (1915). M. Giacomelli, de Venise, a exposé une toile où on remarque les Portraits du roi de Sardaigne Victor-Emmanuel, du duc de Gênes, du prince de Carignan et du général la Marmora (1920); M. Gamba, de Turin, une Tempête sur la côte de Porto-Venere, à l'entrée du golfe de la Spezia (1917); M. Perroti, de Turin, une Vue de Capri et du golfe de Naples (1922).

Belgique. — La Belgique est une des nations les mieux représentées à l'Exposition universelle des beaux-arts; elle soutient honorablement son antique réputation. Les toiles envoyées sont nombreuses, quelques-unes sont très-belles; 108 artistes belges ont exposé 206 tableaux. La Belgique commence à la suite de la Sardaigne, dans la même galerie.

Nous citerons les œuvres les plus remarquables, en suivant l'ordre dans lequel elles se présentent aux visiteurs. Nous trouvons d'abord :

Le Lendemain du bal, par M. Ch. Wauters, d'Anvers (473); Godefroy de Bouillon à l'assaut de Jérusalem, en 1099, par M. Verlat, d'Anvers (460), appartenant au gouvernement belge; un Clair de lune, par M. Winter, d'Anvers (304).

Nous trouvons plus loin la Promenade, de M. Lies, d'Anvers (364), une toile assez estimée.

Viennent ensuite : le Dernier adieu, par M. Degroux, de la Flandre occidentale (284); la Sieste, par M. Alfred Stevens (411), un des peintres les plus distingués de la Belgique; le Pain et le Vin (395), par M. Robie, de Bruxelles; le Philosophe sans le savoir, de Rabelais (418) : c'est un chien rongeant un os, par M. Joseph Stevens, le frère de M. Alfred Stevens, son frère aussi par le talent. M. J. Stevens a exposé, il y a deux ans, un tableau qui a obtenu un grand succès, des Chiens traînant un chariot chargé de sable, avec cette épigraphe : « Un métier de chien. » Il a été exposé, en dernier lieu, dans le salon belge. La Fête au château (369), par M. Madou, de Bruxelles; une Synagogue (435), par M. Van-Hove Hubert, de la Haye (Hollande); Souvenir du château de Petersenne (291), par M. de Knyff, de Bruxelles; le Nouveau seigneur (272), par feu Coulon, de Nivelles (Brabant), élève de M. E. Isabey; le Premier cheveu blanc (273), par le même; une Vue de la plage de Blankenberghe (360), par M. Lehon, du Hainaut; la Digue de Westcapelle un jour de kermesse (308), par M. Dillens, de Gand; ce tableau appartient au roi des Belges.

M. Ch. Wauters a envoyé une grande toile (471), représentant la Lecture de l'arrêt de mort prononcé contre le baron de Montigny, au château de Simancas (Espagne), par ordre de Philippe II; c'est un souvenir

144 GUIDE DANS L'EXPOSITION

Un Métier de Chien, par J. Stevens.

de l'occupation espagnole. Cette toile est d'un très-bel effet.

Nous retrouvons un souvenir de la Campine (frontières de Hollande), de M. de Knyff (290); un Attelage sortant des carrières (432), par M. Van-der-Vin, de Gand; un Marché à la Haye, avec un effet de nuit, par M. Van-Schendel, que les Français prononcent *vend chandelles*, parce que cet artiste, d'un grand mérite du reste, a la spécialité des effets de lumière.

M. J. Stevens a exposé une toile charmante représentant un Episode du marché aux chiens de Paris (413).

Nous traversons maintenant la galerie sarde, pour reprendre l'école belge, sur la muraille opposée à celle que nous venons de parcourir.

Nous retrouvons M. Van-Schendel, qui a peint une Vue de Rotterdam, avec effet de lune et de lumière (448); M. Bossuet, d'Ypres, un Souvenir du lac des Quatre-Cantons (399); puis viennent un portrait de Mme Léontine Fay-Volnys, par M. Alexis Fay, son gendre, résidant à Bruxelles (319); un Intérieur de forêt, par M. Kuyten-Brower, de Bruxelles (356); le Jour de Saint-Thomas (281), par M. de Brackeleer, d'Anvers, tableau appartenant au roi des Belges; Adrien Villaert, de Bruges (341), faisant exécuter une messe en musique de sa composition, la première, dit-on, qui ait été faite, tableau appartenant au gouvernement belge, par M. Hamman, d'Ostende; un Paysage (322), par M. Fourmois, de Namur; une Maison de charité à Malines (423), par M. Stroobant, de Bruxelles.

M. Verboeckhoven, le peintre d'animaux le plus célèbre de la Belgique avec M. Robbe, a exposé une Bergerie campinoise (453).

M. Portaels, de Bruxelles, élève de M. Delaroche, a exposé plusieurs toiles d'un grand mérite. C'est un artiste d'un talent sérieux, digne à tous égards de la réputation que ses œuvres lui ont acquise. Son exposition, cette année, a beaucoup attiré l'attention. La Caravane en Syrie surprise par le simoun (385) est une fort belle chose. M. Portaels a *vu* ce qu'il a peint. A côté de ce tableau sont deux ravissantes figures : une Juive de l'Asie Mineure (389), une Jeune femme des environs de Trieste (388); le Suicide de Judas (384) est un drame sombre et terrible, largement exécuté.

M. Daems, de Bruxelles, nous a représenté un Hallebardier en 1640 (277); M. Dillens, un Tournoi de bagues (306); la Bonne mère (417), par M. J. Stevens, est à côté; puis nous rencontrons un beau tableau par M. Mathysen, d'Anvers, peintre très-estimé, représentant la cour des Miracles, à Paris, pendant le moyen âge. On y remarque *Coquillard* (le faux pèlerin) et *Malingreux* (celui qui simule des ulcères). M. Mathysen avait déjà obtenu un grand succès à l'exposition universelle de Bruxelles, en 1851, avec un tableau du même genre très-heureusement exécuté.

Nous terminerons cette galerie par le Souvenir de la patrie, de M. Alfred Stevens, une des premières œuvres de cet artiste, et ce n'est pas la moins bonne.

Nous allons tourner à gauche, pour entrer dans le salon belge.

Quelques statues sont exposées dans cette galerie : nous remarquons, entre autres, un bronze fort beau de M. E. Cabuchet (4264), représentant saint Vincent de Paul. Outre une ressemblance exacte, l'artiste a su donner à ce vénérable pasteur une heureuse expression de physionomie.

En suivant cette galerie jusqu'au fond, on rencontrera plus tard quatre sculptures que nous allons signaler dès à présent; ce sont :

Le baron Larrey (4560), par M. Robinet, de Paris;
Buffon (4355), par M. Dumont, de l'Institut;
Mahé de la Bourdonnais (4563), par Rochet;
Hercule (4250), par M. Bonheur.

SALON BELGE.

Belgique (suite). — Au milieu de ce salon, qui est entièrement consacré à la Belgique, on a placé le portrait en pied du roi des Belges, par M. Geefs (491).

La première toile qui frappe nos regards est de M. Thomas, de Malmédy (Prusse) : Judas errant pendant la nuit de la condamnation du Christ (427). L'Intrus (415), par M. Joseph Stevens, est une charmante scène où figure son héros favori, un chien. Viennent ensuite : l'École de village (380), par M. de Braekeleer; Vue de Pont-en-Royant (Isère), par M. Fourmois; la Bataille de Gravelines, en 1558 (451), par M. Van-Severdonck, de Bruxelles ; Brebis et agneaux (454), par M. Verboekhoven.

M. Henri Leys, d'Anvers, qu'il ne faut pas confondre avec M. Lies, qui est aussi un artiste fort estimé, a les honneurs de l'exposition belge ; il a restauré la manière des anciens maîtres flamands. Ses tableaux rappellent les plus charmantes productions du moyen âge qui ont eu un grand succès. Il a exposé une scène intitulée : les Trentaines de Bartel de Haze. L'étainier B. de Haze, chef du serment de l'Ancienne Arbalète, décédé en 1512, légua à Notre-Dame son attirail de guerre, qui fut appendu dans la chapelle du Serment.

Un peintre qui jouit d'une grande réputation très-méritée, M. Willems, de Liége, a exposé une petite figure qu'il intitule Coquetterie (475) : c'est un charmant tableau, mais ce n'est point son meilleur. A côté de M. Willems, on a placé la Surprise (416), par M. Joseph Stevens; la Sortie de l'école (279), par M. de Block; la Fileuse grecque (387), de M. Portaels; un Abbé du dix-huitième siècle (275), par feu Coulon; le Premier jour du dévouement, par M. Alfred Stevens, et un Paysage avec bestiaux (393), de M. Louis Robbe, de Courtray, l'émule dangereux de M. Werboekhoven; enfin, les Plaisirs de l'hiver (365), de M. Lies, d'Anvers.

Sur la muraille parallèle à celle que nous venons de parcourir, on remarque une Vieille bohémienne prédisant l'avenir à un jeune soldat (366), par M. Linnig, d'Anvers; Napoléon et Marie-Louise visitant le tombeau de Charles-le-Téméraire et de Marie de Bourgogne, à Notre-Dame de Bruges, que l'empereur avait fait restaurer (470), par M. Wallays, de Bruges; Ce qu'on appelle le vagabondage (407), par M. Alfred Stevens;

148 GUIDE DANS L'EXPOSITION

Convoi funèbre dans le désert de Suez, par Portaels.

la Rade de Porstmouth (358), par M. Lehon; Christophe Colomb découvrant la première terre d'Amérique (340), par M. Hamman; la Lecture (409), par M. Alfred Stevens.

Le tableau qui a produit la plus profonde impression de toute l'exposition belge est sans contredit l'Intérieur de boutique de soieries en 1660, par M. Willems (474); l'auteur a montré dans cette œuvre une grâce et une finesse de coloris qui a dépassé le succès qu'avait obtenu la Vente de tableaux, une des premières productions de M. Willems et une des plus remarquables.

Le Trouble-Fête, scène flamande de la fin du dix-huitième siècle (368), par M. Madou, est un amusant tableau, plein d'humour, qui rappelle le talent de Téniers.

Le Compromis des nobles à Bruxelles (278), le 16 février 1566, par M. de Biefve, est un épisode de l'histoire si tourmentée des Flandres insurgées contre la domination étrangère. On remarque l'infortuné comte d'Egmont et le prince d'Orange qui s'apprêtent à signer.

Nous retrouvons M. Portaels avec un tableau étincelant de lumière, et pourtant calme et triste : c'est un Convoi funèbre au désert de Suez, peint d'après nature.

Non loin de là se trouve le chef-d'œuvre, à notre sens, de M. Leys, qui ne produit que des chefs-d'œuvre : la Promenade de Faust et de Marguerite (362) : le soleil se couche derrière la silhouette d'une ville du moyen âge, aux tourelles et aux clochetons gothiques. A côté sont placés le Nouvel an en Flandre (363), par le même, et la Méditation (410), par M. Alfred Stevens; puis un Marché au poisson en Hollande (449), par M. Van-Schendel, et la Promenade (286), par M. Degroux; enfin, tout au haut de la muraille, se trouve le portrait (405) de M. Cordelois, le célèbre professeur d'escrime de la Maison dorée, rue Laffitte, à Paris, en costume d'assaut, peint par M. Stapleaux.

150 GUIDE DANS L'EXPOSITION

Promenade de Faust et de Marguerite, par H. Leys.

GALERIE SUISSE.

Grand-duché de Bade. — En sortant du salon belge, nous prendrons à gauche et nous pénétrerons dans la galerie suisse, où nous trouvons d'abord l'exposition du grand-duché de Bade. 5 artistes ont envoyé 10 tableaux. Parmi ces artistes, deux sont hors ligne : l'un, dont la célébrité est depuis longtemps un fait accompli, M. Winterhalter, qui a exposé, parmi les peintres français, un portrait de l'empereur des Français et deux portraits de l'impératrice; l'autre, M. Knaus, qui est appelé à obtenir, cette année, un grand et surtout très-légitime succès.

M. Winterhalter a exposé seulement un portrait (169) dans cette galerie.

M. Knaus a trois tableaux qui sont charmants tous les trois : le Matin après une fête de village (172); un Incendie (171), et un Campement de bohémiens dans une forêt (170). M. Knaus habite depuis longtemps Paris, ainsi que M. Winterhalter; c'est donc, pour ainsi dire, un peintre français. Nous sommes heureux de pouvoir presque revendiquer pour notre pays une célébrité naissante et un talent incontesté.

Etats-Unis d'Amérique. — En face du grand-duché de Bade se trouve l'exposition des Etats-Unis d'Amérique. Malheureusement, l'Amérique ne conserve pas dans les arts la supériorité que lui assurent son industrie sans cesse en progrès et son commerce étendu. 9 artistes ont exposé 36 tableaux.

Une Petite fille à la fontaine (721), par M. Hunt, élève de M. Couture; Franklin plaidant la cause des colonies américaines devant Louis XVI, par M. Healy, de Boston (712), grande toile rappelant un fait très-remarquable de notre histoire; deux Vues des chutes du Niagara, par M. Cranck, attirent l'attention. Il y a aussi un portrait peint sur caoutchouc par M. Healy; mais il n'est guère remarquable que parce qu'il révèle une nouvelle appropriation de cet intéressant produit

États Pontificaux. — Les États Pontificaux sont à côté de l'Amérique. Rome est représentée par un fort petit nombre d'artistes : 7 peintres ont exposé 10 tableaux.

Virgile et Dante (667), par M. Bompiani, de Rome ; Ève effrayée à la vue du Serpent, qui lui rappelle sa première faute (665), par M. Agnemi, de Rome; la Réconciliation des familles Montaigu et Capulet, en présence des cadavres de leurs enfants (670), par M. Leighton, de Scarbro, sont les principales œuvres de cette exposition.

Suisse. — Nous parcourrons l'exposition suisse en commençant par la droite de la grande porte d'entrée du centre. Cette exhibition est relativement considérable : 38 artistes ont exposé 97 tableaux.

Les toiles les plus importantes sont celles de M. Grosclaude père, du canton de Neufchâtel, mais résidant à Paris. On a de lui les Petites sœurs de lait (2059), les Bulles de savon (2065), les Buveurs (2065), la Tireuse de cartes (2063), les Joueurs de cartes (2068).

Viennent ensuite : le Reposoir des capucins d'Albano (2093), par M. Van-Muyden, de Lausanne; une Foire dans l'Oberland bernois (2054), par M. E. Girardin, de Neufchâtel; une Halte de chasseurs dans les Alpes (2090), par M. Meuron, de Neufchâtel; Ruth (2087), par M. Lugardon, de Genève; la Famille du condottier (2077), par M. Hébert, de Genève; le Chêne et le roseau (2046), par M. Diday, de Genève ; et enfin la Bouffée de fumée (2066), la Madeleine repentante (2058), et le Toast à la vendange de 1834 (2069), par M. Grosclaude, complètent une galerie où l'on regrette de ne point voir figurer un homme de talent, M. Calame, paysagiste, de Genève, et une de nos illustrations artistiques, M. Gleyre, que la France revendique pour son enfant, et dont un chef-d'œuvre, le Soir, est exposé au Musée du Luxembourg.

SALON PRUSSIEN.

Nous sommes tout naturellement conduits à la porte

du salon réservé à la Prusse, et nous apercevons au centre de la salle le groupe équestre de saint Georges, exécuté par M. Riss, de Pless, dans des proportions colossales.

L'exposition de la Prusse est remarquable par les cartons de M. Cornelius, une des illustrations artistiques de ce pays, quelques grandes toiles, et des portraits de célébrités contemporaines.

Nous commencerons notre promenade par la droite.

Nous rencontrons d'abord des Chiens de chasse (1763), par M. Krüger, de Dessau. M. Krüger est un des peintres d'animaux les plus habiles de l'Allemagne. Nous remarquons non loin de là une petite toile exécutée avec beaucoup de sentiment et qui révèle une pensée philosophique; elle est intitulée : le Droit de chasse (1739), par M. Hübner de Kœnigsberg. Un braconnier blessé par un garde-chasse rentre dans sa cabane soutenu par son fils.

L'Ouvrier s'amusant (1735), de M. Hosemann, de Berlin; l'Embarquement à contre-cœur (1759), de M. Kretzschmer, d'Anklam; la Bénédiction paternelle (1793), par M. Boder, de Berlin; les Soldats logeant dans un couvent (1813), par M. Steffeck, de Berlin, sont des tableaux de genre assez intéressants.

La Cène (1780), par M. Ch. Müller, de Darmstadt, est une belle composition. Une Vue de Lausanne et du lac Leman (1724), par M. Hengsbach, de Werl; l'Intérieur d'une écurie (1762), par M. Krüger; l'Hiver (1731), par M. Hildebrandt, de Dantzick; les Paysans du Brunswick allant à l'église (1776), par M. Meyerheim, de Dantzick, sont également appréciés des visiteurs.

M. Eybel, de Berlin, élève de M. Delaroche, a exposé une grande toile qui révèle de sérieuses qualités. Elle représente Frédéric-Guillaume, électeur de Brandebourg, à la bataille de Fehrbellin, gagnée sur les Suédois en 1676; ce tableau appartient au roi de Prusse.

M. Magnus, de Berlin, a fait le portrait de Mme la comtesse Rossi-Sontag, célèbre cantatrice (1769); celui du compositeur de musique Mendelssohn-Bartholdy (1771), et celui de Mme Jenny Lind (1770), qui a été illustrée par les triomphes que son talent musical lui a valus aux États-Unis. M. Krüger a exposé le portrait du grand amiral prince Adalbert de Prusse (1761).

M. Rosenfelder, de Berlin, a peint, par ordre du roi de Prusse, une grande toile (1796) : Joachim II, à table avec des princes allemands, accompagné du duc d'Albe à Halle, après la bataille de Muhlberg, en 1547, proteste contre l'arrestation du landgrave de Hesse, en tirant l'épée contre le duc d'Albe; celui-ci montre l'ordre de l'empereur.

M. Achenbach, de Cassel, élève de l'école de Dusseldorf, a exposé une Kermesse en Hollande, au clair de lune (1687), d'un effet assez heureux.

Un peintre qui jouit à Berlin d'une immense réputation, et qui partage avec M. Cornelius l'admiration des Allemands, M. Kaulback, a exécuté sur une bande peinte en grisaille les cartons d'une fresque placée dans le nouveau musée de Berlin.

Les Chiens à l'antichambre (1811), par M. Steffeck, et des Chiens de chasse (1764), par M. Krüger, sont remarqués.

La Mort d'Abel, par feu Begas, de Heinsberg, est due au pinceau d'un des meilleurs élèves de Gros. Ce tableau appartient au roi de Prusse.

M. Achenbach a exposé une Mer orageuse sur la côte de Sicile (1686), d'un bel effet; M. Menzel, de Breslau, a peint Frédéric le Grand à Sans-Souci (1772). Nous devons aussi citer une Marée haute à Ostende, par M. Achenbach (1684); une Vue du château de Gênes, prise du côté des Alpes (1743), par M. Kalckreuth, de Cosmin, et appartenant au roi de Prusse; et un Savetier turc (1723), par M. Guterbock, élève de M. Couture.

Les œuvres de M. Pierre Cornelius, de Berlin, méritent une explication détaillée. M. Cornelius a été précédé à l'exposition par une réputation colossale; on le discute beaucoup aujourd'hui; il est donc nécessaire que les motifs de ces cartons soient bien connus. Ces cartons ont été faits pour les fresques des portiques du cimetière royal *(Campo-Santo)*, en construction à côté du Dôme, à Berlin.

I. 1° *Lunette*. Les sept anges (Apocal., c. xvi) versant les coupes de la colère de Dieu sur la terre et les eaux, sur la mer, sur le soleil et dans l'air.

2° *Tableau*. Destruction du genre humain par l'envoi des quatre cavaliers (Apocal., c. vi), la Peste, la Famine, la Guerre, la Mort.

3° *Prédelle*. OEuvres de la charité chrétienne : visiter les prisons, consoler les affligés, montrer le chemin aux égarés.

II. 4° *Lunette*. Satan est précipité par l'ange qui tient la clef de l'abîme et la chaîne pour enchaîner le méchant (Apocal., c. xx); un autre ange montre à l'apôtre la nouvelle Jérusalem.

5° *Tableau*. La nouvelle Jérusalem descend, portée par douze anges, comme une épouse qui s'est parée pour son époux (Apocal., xxi).

6° *Prédelle*. OEuvres de charité chrétienne : donner à manger à ceux qui ont faim, et à boire à ceux qui ont soif.

III. 7° Une des figures placées entre les grands tableaux représentant les huit béatitudes de la prédication, sur la montagne : Heureux ceux qui ont faim et soif de justice.

IV. 8° Croquis gravés au trait de toute la composition, qui représente les destinées générales du genre humain, d'après les livres saints de l'Eglise chrétienne.

SALON AUTRICHIEN.

Nous sortons du salon de la Prusse par la porte qui se trouve immédiatement à notre gauche, et, traversant la galerie suisse, nous commencerons notre promenade dans le salon autrichien par la muraille de gauche.

L'Autriche n'est pas très-bien partagée : on trouve généralement son exposition inférieure à celle de la Prusse; cependant on y remarque quelques bons tableaux : 33 artistes ont exposé 52 toiles.

M. Eybl, de Vienne, a envoyé un type de Vieille

paysanne de la basse Autriche (12), assez remarquable, appartenant au Musée impérial de Vienne.

M. Jérôme Induno, de Milan, est le peintre de genre le plus en renom en Autriche ; son talent est très-original ; on retrouve dans ses petits tableaux l'esprit d'observation qui distingue l'école anglaise. Son Soldat suisse (2206), ses Musiciens (2207), sont de vrais petits chefs-d'œuvre.

Le Navire doublant le cap Horn (2217), par M. Riccardi, de Milan ; la Visite du duc de Milan à Léonard de Vinci, au couvent des Dominicains (2187), par M. Cormenti, de Milan ; la jeune Italienne émigrée, pressant sur son cœur les couleurs nationales (2174), par M. Appiani, de Milan ; le Carnaval à Rome (9), par M. Caffi, de Venise ; la Chaire de la cathédrale de Milan (2183), par M. Bisi, de Milan ; le Forum de Rome (10), par M. Caffi ; la Quête (2198) et les Contrebandiers (2202), par M. Dominique Induno, de Milan, assurent à l'Italie autrichienne un avantage incontestable.

On remarque cependant un Effet d'hiver dans la forêt de Bukong, en Hongrie (25), par M. Van-Haanen, de Vienne ; Charlemagne visitant une école de garçons (6), par M. Blaas, de Vienne ; la Fin de la chasse (22), par M. Gauermann ; Albéric de Romano, frère d'Eccelin, tyran de Padoue, se rendant prisonnier, avec sa femme et ses enfants, au marquis d'Este (2190), par M. Hayez.

M. Caffi, de Venise, a exposé une fort belle Vue de Venise (8) ; M. Schiavoni, de Venise, une Vénus au bain (2220) ; M. Arienti, de Milan, une Conjuration des Pazzi ; M. Inganni, de Milan, une Fête nuptiale pendant la nuit, dans un village aux environs de Brescia (29), tableau de mœurs très-intéressant et d'un effet bizarre.

M. Schlesinger, de Francfort-sur-le-Mein, a exposé, dans le salon autrichien, la Pénitente (3984), la Chasse aux papillons (3982), les Préférences (3983), la Fiancée (3985).

Nous rencontrons ensuite la Cuisinière (2205), par

M. Jérôme Induno; la Colonne de Porte-Rosa à Milan (2208), par M. Inganni; un grand et beau paysage (218), par M. Frédéric Müller, de Munich; des Chevaux hongrois au pâturage (186), par M. François Adam, de Munich; un Portrait très-remarquable (199); par M. Kaulbach; une Vue de la cathédrale de Magdebourg (220), par M. Neher, de Munich; un second Portrait (200), par M. Kaulbach; des Voyageurs arrêtés devant une ferme en hiver (246), par M. Richard Zimmermann; une Usine dans une vallée du Tyrol (227), par Scheuchzer, de Munich; un beau Portrait de M. G. de Kaulbach, président de l'Académie royale des beaux-arts à Munich (198), par M. F. Kaulbach.

M. Victor Müller, de Francfort-sur-le-Mein, a envoyé un tableau où se révèlent de grandes qualités de dessin, représentant l'Homme, le Sommeil et le Rêve (3716).

M. Ventadour, de Paris, résidant à Francfort, a peint avec un assez heureux effet un Cortége de cavalerie allemande aux flambeaux (2159).

Nous devons citer aussi la Desdémone (2164) de M. Bohn, de Stuttgard; Marie et saint Jean près du tombeau de Jésus-Christ (2170), par M. Schmidt, de Stuttgard; la Sérénade (2163), de M. Bohn; Roméo et Juliette (2166), de M. Karl Müller, de Stuttgard, et enfin la Vivandière (2204), de M. Induno, qui est à la hauteur de ses autres œuvres.

GALERIE ANGLAISE.

L'exposition anglaise offre un intérêt tout particulier. Les artistes anglais professent une grande indépendance dans leur art. Les principes, les règles purement artistiques qui dirigent l'école française et la plupart des autres écoles d'Europe, semblent avoir été complétement négligés par eux. Comme dessin, et surtout comme couleur, leurs œuvres laissent en général beaucoup, sinon tout, à désirer. Mais une étude attentive fait bientôt découvrir chez leurs principaux artistes un grand sentiment de la vérité, dans l'expression, dans le geste, et dans la composition. Leurs toiles sont des tableaux parlants. Le peintre a mis toute sa préoccupation, tout son talent, à *faire dire quelque chose* à son tableau. Nous, nous laissons à la charge, à la lithographie, les peintures de mœurs : Daumier, Cham, Nadar, qui ont beaucoup d'esprit, amusent et intéressent tout le monde ; mais des crayons du *Charivari* ou du *Journal pour rire,* ils ne font pas des tableaux. Les Anglais ont transporté dans la peinture ces boutades humoristique du croquis français, en y ajoutant la teinte positive de leur nature grave et calme. Ils ont pris la charge au sérieux.

Leurs tableaux de genre, car c'est là où ils excellent, sont, du reste, exécutés avec une habileté et une conscience remarquables.

La Grande-Bretagne compte 232 toiles, envoyées par cent artistes. Avec la France et la Belgique, c'est la nation la plus largement représentée dans le domaine de l'art. Tous les plus célèbres ont concouru à soutenir la vieille gloire de l'Angleterre : Landseer, Leslie, Goodall, Mulready, O'Neil, Pyne, Roberts, Stanfield, Frost, Eastlake, Cooper, Chalon, Rankley, Salomon, Georges Lance, etc.

On estime les œuvres envoyées à une valeur de 130,000 livres sterling, environ 3,250,000 francs ; elles ont été assurées par les compagnies anglaises, avant leur départ d'Angleterre.

Nous pénétrons dans la galerie anglaise en entrant par le portique qui donne sur le vestibule de l'escalier conduisant à la galerie supérieure, à côté du buffet.

Nous commençons par visiter la muraille de gauche.

Nous rencontrons d'abord les Railleurs (921), de M. Rankley, de Londres, avec cette épigraphe tirée de Goldsmith : « Les sots, venus pour railler, restèrent à prier. » Nous remarquons ensuite l'Emotion d'Esther (905), par M. O'Neil ; l'Intérieur de l'église Saint-Étienne, à Vienne (929), par M. Roberts ; la Coquette de village (853), par M. Georges Lance ; une toile représentant le Mariage de la reine Victoria (820), tableau officiel appartenant à la reine, par sir G. Hayter.

Landseer, l'illustre peintre d'animaux, dont les moindres toiles s'enlèvent, à Londres, pour 40 et 50,000 fr., débute par un superbe tableau représentant les Animaux à la forge (858); puis viennent des Singes brésiliens sur un ananas (856). Ces animaux, presque microscopiques, sont exécutés avec une habileté et un goût parfaits.

Après M. Landseer, que nous allons retrouver bientôt, viennent : Claudio et Isabella (841), par M. Hunt; Sancho Pança et la duchesse (871), un chef-d'œuvre de finesse et d'esprit de Leslie : l'expression de bonhomie et de confiance de Sancho, le sang-froid un peu forcé de la duchesse, qui réprime une violente envie de rire que le savoir-vivre retient, sont exprimés avec un art parfait; Vieille histoire (944), par M. Stone, est une page philosophique très-intéressante; la Scène tirée du *Vicaire de Wakefield* (870), c'est-à-dire l'épisode de M. Burkell, par M. Leslie, est encore une chose charmante.

L'Epreuve du toucher (884), par M. Maclise; le Bal au bénéfice de la veuve (807), par M. Goodall, sont aussi très-estimés.

M. Landseer offre ensuite ses Chiens au coin du feu (863), dont les types sont si vrais et si habilement rendus.

Nous rencontrons plus loin la Toque rouge (852), par M. G. Lance; un Baptême presbytérien (909), peinture de mœurs anglaises, par M. Phillip; les Averses (774), par M. Creswick.

Le But (891), scène comique, un peu forcée peut-être, par M. Mulready; le Choix d'une robe de noces (889); le Canon (897); Mettez un enfant dans la voie qu'il doit suivre (895), et la Discussion sur les principes du docteur Whiston, tirée du *Vicaire de Wakefield* (896); le Frère et la sœur (892); le Parc de Blackheath (890), sont de charmantes toiles où M. Mulready a montré toute la souplesse d'un talent accompli, et justifié hautement la grande réputation dont il jouit en Angleterre.

Nous nous trouvons ici en présence d'un petit chef-d'œuvre d'expression et d'esprit : l'Oncle Tobie et la veuve Wadman, sujet tiré de *Tristram Shandy*, de Sterne (869), par M. Leslie. La bonhomie naïvement spirituelle de l'oncle Tobie, qui ôte sa pipe de la bouche pour souffler dans l'œil de la jeune et jolie veuve, forme un contraste charmant avec la coquetterie malicieuse de celle-ci.

Le Loup et l'agneau (893), par M. Mulready, est peut-être une des plus adorables créations de cet artiste. Comme ces deux enfants sont bien anglais! et comme le loup menaçant qui serre les poings et fronce le sourcil, tandis que le pauvre agneau cherche à couvrir sa tête avec son coude, représente heureusement l'idée profonde de la fable de la Fontaine! Comme exécution, ce tableau laisse peu à désirer; comme esprit, c'est un chef-d'œuvre.

Dans un rang inférieur, quoique remarquables cependant, viennent maintenant quelques toiles dignes d'attirer l'attention ; ce sont : le Braconnier (864), par M. Lee ; un Chœur d'église de village (956), par M. Webster ; Ophelia (925), par M. Redgrave ; le Ravin des poëtes (922), par le même ; la Morra (jeu italien), par M. Hurlstone.

Les artistes anglais ne brillent pas autant dans leurs tableaux d'histoire ; ils n'en ont exposé qu'un petit nombre ; le genre est leur domaine : ils y règnent en maîtres. La Bataille de Meeanee (739), par M. Armitage, en est la preuve. Le général sir Ch. Napier, à la tête de 2,500 hommes, remporte, le 17 février 1842, sur l'armée beloutchi, dix fois plus nombreuse, une victoire qui fit passer les provinces du Sindh sous la domination anglaise. Ce tableau, qui rappelle un triomphe national, appartient à la reine Victoria.

La Fille du gentilhomme (924), par M. Redgrave, est un épisode mélancolique d'une touchante vérité.

Une Loge (818), et la Lecture du roman (817), par M. Hannah, sont deux compositions qui se font remarquer par une originalité tout anglaise.

Nous citerons maintenant : le Spartiate Isadas repoussant les Thébains (785); François de Carrare, seigneur de Padoue, échappant à la poursuite de Galeazzo Visconti, duc de Milan (788); les Pèlerins arrivant en vue de Rome (786), de M. Eastlake, qui sont des toiles intéressantes, mais dans un autre genre. Les Chasseurs de daims en Écosse (761), par M. Cooper; Rouge et Noir (756), par M. Cooke; l'Élève (816), par M. Gush; le Dernier appel (942), par M. Stone; une Scène tirée du *Bourgeois gentilhomme* de Molière (800), où l'esprit de notre grand comique est bien rendu, par M. Frith; la Famille royale au Temple (954); une Veuve napolitaine, pleurant son enfant mort, s'abandonne au désespoir en entendant les bruits joyeux du carnaval (950), par M. Uwins; et le Jugement de lord William Russel, en 1683 (821), par M. Hayter.

L'Ordre d'élargissement (886), par M. Millais, mérite une mention spéciale. On a beaucoup discuté devant ce tableau, ce qui est déjà une preuve de son mérite.

La Remontrance (943), par M. Stone; le Rendez-vous de chasse d'Ascot et les équipages de Sa Majesté pour la chasse au cerf (814), par M. Grant; John Knox cherchant à arrêter la violence du peuple exalté par sa prédication éloquente contre l'Église romaine, à Perth, en Écosse (850), par M. Knigth; la Présentation de Flora Macdonald au prince Charles-Édouard (845), par M. Johnston; Henriette-Marie de France secourue dans l'infortune par le cardinal de Retz (790), de M. Egg, sont des œuvres d'intention et de styles différents, mais toutes également remarquables.

L'exposition anglaise est limitée par un paysage de M. Hulme, représentant les Gorges de Ffos Noddyn, dans le pays de Galles (838). Nous allons donc traverser la galerie et reprendre, sur la muraille opposée, la série des tableaux anglais, en laissant derrière nous la reprise de l'école française.

Nous rencontrons d'abord deux charmantes toiles: un Épisode des jours heureux de Charles Ier (808), par M. Goodall; Brunetta et Phillis, sujet tiré du *Spectateur* (936), par M. Solomon; une Scène de controverse religieuse sous Louis XIV (794), par M. Elmore; les Dé-

Brunetta et Phillis, par Solomon.

Épisode des jours heureux de Charles Ier, par Goodall.

ceptions des actionnaires de la Compagnie de la mer du Sud (953), par M. Ward ; l'Enfance et la vieillesse (833), par M. Horsley ; la Novice (796), par M. Elmore ; un Ecrivain public à Séville (910), par M. Phillip ; *the Sanctuary* (857), par sir E. Landseer.

Le Manoir du baron (883), fête de Noël dans le bon vieux temps, par Maclise, peint assez exactement les mœurs et usages d'autrefois. Le Canon du soir (777), par M. Danby, produit un certain effet, malgré l'étrangeté et l'exagération du ton général adopté.

Puis viennent la Recherche en mariage de Catherine (792), par M. Egg ; Florence Cope avant dîner (766), par M. Cope ; Serena, accablée, s'endort, et, à son réveil, se trouve entourée d'anthropophages (752), par M. Chalon ; l'Arrivée du cardinal Wolsey à l'abbaye de Leicester (768), par M. Cope ; Intérieur de l'église Saint-Étienne, à Vienne (929), par M. Roberts ; Métastase découvert par le savant Gravina, à Rome (881), par M. M'Innes.

M. Frith a exposé une petite toile charmante qui représente un pope russe essayant de faire la cour à lady Montague (798), la femme si spirituelle de l'ambassadeur d'Angleterre à Constantinople, vers la fin du dix-huitième siècle. M. Egg a reproduit la première rencontre, dans un cabaret où elle était servante, de la future impératrice de Russie, Catherine, et de Pierre le Grand (793).

On remarque, non loin de là, le Prévôt de Peterhead (810), par M. Gordon, d'Edimbourg ; le Bélier à l'attache (862), par sir E. Landseer ; une Vue de la Tamise, en aval de Greenwich (826), par M. Holland ; Catherine et Petrucchio (868), par M. Leslie ; Job et les messagers (917), par M. Poole ; Buckingham rebuté (791), par M. Egg ; le Portrait de Paganini (907), par M. Patten.

Il nous reste maintenant peu de toiles à visiter dans la galerie anglaise, mais elles sont très-intéressantes ; ce sont : le Déjeuner dans les montagnes d'Ecosse (860) ; Jack en faction (859) ; les Conducteurs de bestiaux dans les montagnes d'Écosse (861), par sir E. Landseer ;

Sa Majesté la reine Victoria recevant le saint sacrement le jour de son couronnement, par M. Leslie.

Lady Jane Grey et Royer Ascham (834), par M. Horsley; la Reine des bohémiennes (916), par M. Poole; une Réunion musicale (835), par M. Horsley, et, enfin, Jeu du ballon (955), par M. Webster, termineront l'exposition de la Grande-Bretagne.

GALERIE ESPAGNOLE.

Arrivés ici, nous prenons le portique, pour traverser de nouveau la galerie consacrée aux artistes autrichiens en remontant vers les autres salons, et pénétrer dans la galerie espagnole.

L'exposition de l'Espagne n'est pas très-brillante : 33 artistes ont envoyé 84 tableaux. On ne cite que quelques portraits de Madrazzo et des deux Lopez; un portrait du roi d'Espagne en costume de la Toison d'or (585), par M. L. Lopez, de Valence; Portrait de la comtesse de Robersatt, par M. Madrazzo, de Madrid; Portrait de la princesse des Asturies (583), en costume andalous, par B. Lopez; Portrait de M. Ventura de la Vega (606), Portrait de la comtesse de Vilchès (600), Portrait du roi don Francisco (595), Portrait de la duchesse de Medina-Celi (598), Portrait de la duchesse de Séville, appartenant à la reine Isabelle (597), par M. F. Madrazzo. Nous ajouterons à cette série un Portrait de feu M. Posada, patriarche des Indes (603), par M. F. Madrazzo, et un Portrait de cet artiste par lui-même (607).

M. Louis Madrazzo a exposé un Enterrement de sainte Cécile dans les catacombes de Rome (608), qui appartient au Musée de Madrid.

M. F. Madrazzo a exposé des Saintes femmes au tombeau (593), qui appartiennent à la reine Isabelle. M. Ferrant, de Barcelone, a exposé une toile extraite de la collection des Œuvres de miséricorde, appartenant au roi don Francisco; elle est sous cette épigraphe : « Enterrez les morts » (568); l'effet en est assez saisissant.

Le même artiste a peint un Enfant porté par des anges (569) : c'est une œuvre très-gracieuse.

On remarque enfin un Episode de la révolution de Madrid, en juillet 1854 (592), par M. Eugène Lucas.

GALERIE HOLLANDAISE.

Nous allons reprendre la galerie latérale, à gauche en entrant, où se trouve, à la suite de la Belgique, l'exposition hollandaise. La Hollande est représentée par ses artistes les plus distingués. 58 peintres ont envoyé 84 tableaux.

Nous avons une Vue de Rotterdam (1603), par M. Verveer, de la Haye, un des peintres les plus estimés des Pays-Bas ; la Tranquillité, vallée de Saint-Pierre (1540), par M. Dubourg, d'Amsterdam ; un Jeune ménage et la vieille tante (1524), par M. David Bled, de la Haye ; le prince Guillaume d'Orange s'opposant pour la première fois à l'exécution des décrets du roi d'Espagne (1559), par M. Israels, d'Amsterdam ; la Cène dans une église protestante (1527), par M. Bosboom, de la Haye ; la Méridienne (1571), par M. Kruseman ; l'Hiver dans les environs de la Haye (1556), par M. Hoppenbrowers, de la Haye ; Moines chantant un *Te Deum* (1526), par M. Bosboom ; une Vue de Dordrecht (1610), par M. Weissenbruch ; Eau calme (1608), par M. Waldorp, de la Haye ; les Saltimbanques en répétition (1593), par M. Smidt-Crans ; une Vue du Zuyderzée (1544), par M. Gruyter, d'Amsterdam ; une Scène de déménagement à Amsterdam (1604), par M. Verveer ; un Paysage en automne (1568), un Bois en hiver (1569), par M. Koekkoek ; un Intérieur de ville hollandaise (1609), par M. Weissenbruch ; enfin, des Bestiaux au bord du Rhin (1547), par M. Haas.

GALERIE ESPAGNOLE (suite).

France. — Nous allons arriver maintenant au sein de

l'école française. La France occupe un peu plus de la moitié des salles destinées à l'exposition de peinture. Elle a plus de tableaux que toutes les autres nations réunies : 690 artistes ont envoyé 1,832 tableaux. Les maîtres les plus illustres ont exposé leurs principaux chefs-d'œuvre. Un seul, M. Paul Delaroche, dont la célébrité est européenne, s'est abstenu de figurer dans ce splendide concours.

Afin de suivre l'itinéraire que nous nous sommes tracé et d'éviter de revenir sur nos pas, nous commencerons notre promenade par la galerie espagnole, qui se trouve en face de nous, entre le salon de la Prusse et le grand salon.

Nous trouverons là une dizaine de toiles intéressantes, et que nous avons négligées en visitant l'exposition espagnole, afin de ne pas nous interrompre.

La première toile que le hasard place devant nous est un Paysage (2810) de M. Courbet ; c'est peut-être une de ses meilleures choses. Nous trouvons ensuite une charmante scène de M. Breton, intitulée : le Lendemain de la Saint-Sébastien (2629) ; une Vue du Danube (4084), et une Vue des côtes de Bretagne à marée basse, par M. de Tournemine.

M. Th. Chassériau, qui passe pour le continuateur de M. Delacroix, a exposé deux toiles qui rappellent, en effet, quoique d'un peu loin, la manière du maître : la Salle où les femmes de Pompéi venaient se reposer en sortant du bain (2684), appartenant à l'Etat, et des Cavaliers arabes emportant leurs morts après une affaire contre des spahis (2692) ; un petit tableau de M. P.-F.-E. Giraud, De Paris à Cadix (3186), est intéressant parce qu'il contient les portraits de MM. Alexandre Dumas père et fils, et de M. Desbarolles, en caravane dans les montagnes de l'Andalousie.

M. Philippe Rousseau, le célèbre peintre de natures mortes, a exposé deux panneaux (3922 et 8923) destinés à décorer la salle à manger de M. de Rothschild.

Le Départ de la chasse sous Louis XIII (3378), par M. E. Isabey, est un charmant tableau où l'on retrouve toutes les brillantes qualités de cet artiste.

L'Orgie romaine, par Couture.

Le Matin (3992), par M. Schutzenberger, trois ou quatre toiles (1938, 1937, 1939 et 1947) de l'exposition de Saxe qu'on a glissées là, ne pouvant les placer ailleurs, et l'Installation de la magistrature dans la Sainte-Chapelle, en novembre 1849 (3421), par M. Jollivet, sont les œuvres qui offrent le plus d'intérêt dans cette galerie.

GRAND SALON

France. — Nous pénétrerons dans le grand salon par la porte de droite, et nous tournerons immédiatement à gauche.

Ce salon renferme quatre grandes toiles, qui sont les morceaux les plus importants de l'exposition des jeunes peintres : elles sont dues aux pinceaux de MM. Gérôme, Yvon, Couture et Müller.

L'Orgie romaine, de M. Couture, est connue depuis une dizaine d'années ; le Siècle d'Auguste, de M. Gérôme ; la Retraite de Russie, de M. Yvon ; le *1814*, de M. Müller, sont offerts aux regards du public pour la première fois.

Les toiles qui se trouvent dans ce salon sont presque toutes des œuvres de choix ; nous avons donc beaucoup de citations à faire.

Le premier grand panneau à gauche est presque entièrement occupé par le tableau de M. Gérôme, le Siècle d'Auguste (3164) : Auguste est sur le trône ; il s'appuie sur la figure emblématique de Rome ; Tibère, héritier du trône, est à sa droite, ainsi que les hommes d'Etat, dans l'ordre suivant : Mécène, Agrippa, Hortensius, Marcellus et Cicéron ; à gauche sont les artistes qui illustrèrent ce siècle : Horace, Tibulle, Virgile, Vitruve et Ovide ; les deux Brutus descendent les marches, armés encore du faisceau et du poignard, cherchant dans l'avenir un vengeur ; derrière eux, on aperçoit le cadavre de César ; un peu plus loin, à gauche, ceux d'Antoine et de Cléopâtre. Tous les peuples du monde connu accourent adorer le nouvel empereur. Au centre, derrière l'autel païen, abrités par les ailes d'un ange, la Vierge et

Rentrée à Paris de l'armée française, en 1815, par Muller.

Le Siècle d'Auguste, par Gérôme.

saint Joseph prient auprès de Jésus, qui vient de naître.

Au-dessous de ce tableau se trouvent deux charmantes créations de M. A. Toulmouche : la Leçon (4080), et la Terrasse (4079) ; les Filles d'Alveto, dans le royaume de Naples (3280), un des grands succès du salon, par M. Hébert ; toute la série des adorables peintures de M. Hamon : « Ce n'est pas moi » (3266), l'Amour et son troupeau (3264), une Gardeuse d'enfants (3268), les Orphelines (3267), « Ma sœur n'y est pas » (3265), le plus grand succès de cet artiste, acheté par l'empereur, il y a deux ans, et une Affiche romaine (3269).

M. Gérôme a exposé, au-dessous de sa grande toile, un Pifferaro (3166), et un Gardeur de troupeaux (3165), deux ravissants petits tableaux.

Au-dessus de la porte d'entrée, on a placé Néron disputant la course aux chars (3401), composition de M. Janet-Lange.

Puis viennent les tableaux de M. Troyon. Le plus grand, les Bœufs allant au labour, effet du matin (4094), est un chef-d'œuvre, une des toiles les plus resplendissantes de l'Exposition. La Vache rouge (4101), la Vue de Normandie (4098), les Chiens courants (4097) et les Chiens au repos (4096), la Vallée de la Touque (4102), les Chiens d'arrêt (4099), les Vaches à l'abreuvoir (4095), sont à la hauteur de la réputation que M. Troyon s'est acquise.

Nous citerons, parmi les petites toiles, quatre bijoux de M. Plassan : l'Abbé (3813), la Lecture (3811), la Visite du docteur (3810), la Jeune femme choisissant des fruits (3812) ; puis, l'Oaristis de M. Jobbé-Duval (3413) ; Louis XV visitant le champ de bataille de Fontenoy (3792), de M. Philippoteaux ; un Portrait de Mme Montigny, dite Rose Chéri (du Gymnase) (3769), par M. Pérignon ; un Soir au lever de la lune (2658), par M. Cabat ; et enfin la Retraite de Russie (4218), de M. Yvon : le maréchal Ney est représenté soutenant l'arrière-garde : « Il ramasse un fusil et redevient soldat, dit M. de Ségur ; il combat à la tête de trente hommes, reculant et ne fuyant pas, marchant après tous les autres..... »

DES BEAUX-ARTS. 173

Le Pillage d'une maison de juifs au moyen âge (3873), le Colloque de Poissy (3876), et l'Inquisition

L'Inquisition en 1561, par Robert-Fleury.

(3877) en 1561, par M. Robert-Fleury, sont trois bons tableaux, devant lesquels on doit s'arrêter.

La Vache attaquée par des loups (2621), et le Repas d'animaux (2622), par M. Brascassat, ont obtenu, il y a quelques années, un assez grand succès.

M. Amaury Duval a exposé un portrait de Mlle Rachel, la Tragédie (2421); M. Charles Müller, un ancien tableau : le Dernier appel des condamnés (3715); M. Diaz, quatre ou cinq toiles (2978, 2979, 2975, 2976, 2977) qui sont à la hauteur de son talent; M. Beaume, de Marseille, a envoyé une Bataille de l'Alma (2496).

Dans un cadre modeste se cache un tableau d'un très-grand mérite, peu apprécié du public, qui passe, sans quelquefois s'en apercevoir, devant un chef-d'œuvre, mais admiré des artistes : Souvenir d'Italie (2795), par M. Corot, le premier paysagiste de notre temps.

M. Rodakowski a exposé un Portrait de M. Villot, conservateur du Musée du Louvre; M. Eugène Lami a exécuté, par ordre de l'empereur, une Bataille de l'Alma (3462), qui est, sans contredit, la plus remarquable de celles qui ornent cette Exposition et qui ont été admises à cause de la circonstance.

La Fenaison en Auvergne (2587), par Mlle Rosa Bonheur, est digne du succès qu'a obtenu depuis quelques années cette artiste, succès qui l'a placée au même rang que nos plus grands peintres. Mlle Rosa Bonheur a dû en grande partie sa réputation à un admirable tableau du même genre exposé, il y a quelques années, sous le titre de « Labourage nivernais. »

Viennent ensuite : Pâques fleuries (3253), par M. Guillemin; la Pluie (2443), par M. Antigna; le Benvenuto (3878), par M. Robert-Fleury; le Tintoret peignant sa fille (2767), par M. Léon Cogniet, un ancien tableau qui a eu de tout temps un grand succès; la Fête-Dieu (2437), par M. Antigna; Jésus-Christ servi par les anges (2061), de M. Cambon; un Portrait de M. Fould, fils, par M. Jalabert; deux toiles de M. Isabey (3376 et 3377); la Salle à manger de la princesse Mathilde (3185), par M. Giraud; la Cuisinière (2595), la Basse messe (2594), par M. Bonvin; deux petites toiles de M. Fortin (3112 et 3115); Avant la pluie (3457), par M. Emile Lambinet;

Le Labourage nivernais, par Rosa Bonheur

enfin le Rat de ville et le rat des champs (3934), par M. Philippe Rousseau.

Le Tintoret peignant sa fille, par Léon Cogniet.

Nous arrivons maintenant devant les trois Portraits de l'impératrice des Français, qui attirent toujours la foule (4207, 4209, 4208), par M. Winterhalter.

On a placé, un peu plus loin, une Bataille de l'Alma (2504), par M. Bellangé, représentant l'attaque de la position du Télégraphe par les divisions Napoléon et Canrobert.

On remarque au centre de ce salon un groupe en marbre de M. Pollet, représentant Achille à Scyros : c'est un des plus beaux morceaux de cette exposition, qui n'est pas riche en sculpture. M. Pollet a exposé dans la galerie de M. Decamps une épreuve en bronze de son adorable marbre intitulé : Une heure de la nuit, qui se trouve au palais de l'Elysée.

Nous prendrons, pour sortir du grand salon, la porte par laquelle nous sommes entrés et, tournant à gauche, nous suivrons rapidement la partie de la galerie anglaise que nous avons déjà parcourue, pour aller visiter la galerie qui sépare le grand salon de la salle de M. Delacroix, et que nous appelons *galerie centrale*.

GALERIE CENTRALE.

France. — Nous commencerons par la muraille à gauche, en entrant dans la galerie.

Nous remarquons d'abord le Jour du dimanche (3159), scène florentine au seizième siècle, par M. Gendron; la Mort glorieuse de Poitevin, lieutenant au 39ᵉ de ligne, qui a planté le drapeau de son régiment sur le bâtiment du télégraphe, à l'Alma (3867), par M. Rigo; un Portrait du général Dembinski (3883), par M. Rodakowski; de Petites paysannes consultant des épis (2630), par M. Breton; un saint Sébastien mis au tombeau (3516), par M. Lazerges; le Thésauriseur (3254), et la Petite fileuse (3255), par M. Guillemin; un Portrait de Mˡˡᵉ Fix, de la Comédie française (3481), par M. Landelle; les Martyrs chrétiens entrant à l'amphithéâtre (2524), tableau appartenant à l'Etat, peint par M. Benouville (Fr.-Léon); un saint François d'Assise bénissant la ville d'Assise (2525), appartenant à la maison de l'empereur, et dû au même artiste; la Fête des mendiants, mœurs du Finistère (3825), par M. Pottin; les Seigles (3461), par M. Emile Lambinet; des Fleurs et des Fruits (3950 à 3958), par M. Saint-

Jean, une de nos célébrités en ce genre de peinture; enfin un grand Portrait du maréchal Saint-Arnaud, par M. Lépaulle.

Si nous passons de l'autre côté de la galerie, nous trouverons la Distribution des aigles au Champ de mars (3832), un tableau de circonstance par M. Pruche, appartenant à la maison de l'empereur; un Berger breton (3408), par M. Jeanron; le Printemps, et un Effet du matin (2793 et 2791), par M. Corot; l'Incendie (2439), par M. Antigna; un Paysage (2733), par M. Jules Noël; la Tireuse de cartes (2786); par M. Pezons; la Récréation maternelle (3574), par M. Armand Leleux; le Vendredi saint (3131), et le Dîner (3132), par M. P.-E. Frère; les Glaneuses (2628), par M. Breton.

M. Vinchon a exposé son tableau de Boissy d'Anglas à la séance du 1er prairial an 3 (4192). Ce sujet fut mis au concours en 1831; M. Vinchon obtint le prix de 10,000 francs. M. Delacroix concourut; son esquisse est exposée, nous la retrouverons plus tard.

Nous laissons à notre gauche les portes qui conduiraient au salon de M. Delacroix, pour pénétrer d'abord, par le premier portique que nous rencontrons, dans le salon de M. Ingres.

SALON DE M. INGRES.

France. — Cette exposition est très-remarquable, M. Ingres ayant désiré mettre sous les yeux du public les œuvres de sa vie entière, réunies dans une salle exclusivement occupée par ses tableaux. Il a voulu diriger en personne la disposition de ses toiles. L'administration lui a laissé à cet égard des pouvoirs complets et absolus.

Nous commencerons notre promenade par la muraille de gauche. Un double divan, placé au milieu de la salle dans presque toute sa longueur, nous permettra de prendre un peu de repos sans rien perdre de cette splendide exhibition.

M. Ingres, né à Montauban (Tarn-et-Garonne), est

un des derniers élèves de David et le plus illustre. Il obtint le premier grand prix de Rome en 1801 ; il fut décoré de la Légion d'honneur en 1825, et nommé membre de l'Institut à la même époque. Officier de la Légion d'honneur depuis plusieurs années, il fut fait commandeur de l'ordre en 1845.

Cette exposition est assez importante pour que nous en fassions une sorte de catalogue sans en rien omettre.

Aux quatre coins de la salle sont disposés symétriquement les cartons de la chapelle de Dreux et de la chapelle de Saint-Ferdinand, classés sous le même numéro, 3340.

Le n° 3375 comprend plusieurs têtes d'étude.

3344. Portrait en pied de Napoléon, premier consul, appartenant à la ville de Liége (Belgique).

3339. Vœu de Louis XIII (salon de 1824), appartenant à la ville de Montauban.

3370. Portrait de M. le comte Molé, peint en 1834.

3337. La Vierge à l'hostie, peint en 1854.

3345. Homère déifié, plus connu sous le nom de *plafond d'Homère*. Ce tableau formait le plafond du grand escalier du Louvre. Homère reçoit les hommages de tous les grands hommes de la Grèce, de Rome et des temps modernes. L'univers le couronne ; Hérodote fait fumer l'encens ; l'Iliade et l'Odyssée sont à ses pieds ; il a été peint en 1842.

3365. Portrait de Mme la comtesse d'Haussonville, fille de M. le duc de Broglie.

3338. Saint Symphorien, peint en 1837, appartenant à la cathédrale d'Autun.

3368. Portrait de Mme L. B.

3348. OEdipe explique l'énigme du Sphinx, peint en 1808, appartenant à M. le comte Duchâtel.

3359. Henri IV jouant avec ses enfants au moment où l'ambassadeur d'Espagne est admis en sa présence ; peint en 1824.

3372. Portrait de M. Bertin aîné ; peint en 1832.

3361. Le poëte Arétin reçoit avec dédain une chaîne d'or que lui envoie Charles-Quint ; peint en 1848.

3357. Don Pédro de Tolède, étant ambassadeur en

Saint Symphorien, par Ingres.

France, rencontre dans la galerie du Louvre un page portant l'épée de Henri IV; il s'avance, met un genou en terre et la baise, en disant : « Rendons les honneurs à la plus glorieuse épée de la chrétienté; » peint en 1814, appartenant M. Démier, à Montauban.

3364. Portrait de Mme D...
3352. Baigneuse.
3350. Odalisque couchée; peint à Rome en 1814.

3341. Le pape Pie VII tenant chapelle, plus connu sous le nom de *la Chapelle Sixtine*; peint en 1814.

3336. Notre-Seigneur Jésus-Christ donne à saint Pierre les clefs du paradis, en présence des apôtres; peint à Rome en 1820, appartenant à l'empereur.

3373. Portrait de M. Ingres dans sa jeunesse, peint en 1814.

3342. Le pape Pie VII tenant chapelle; un religieux de Saint-François vient baiser les pieds du pape avant de commencer son sermon; peint à Rome en 1820.

3374. Portrait de M. Ingres père.

3367. Portrait de Mme la princesse de Broglie.

3355. Charles V, alors régent du royaume, rentre à Paris après l'expulsion du duc de Bourgogne, et reçoit le prévôt et les échevins de Paris que Jean Pastoïel et Jean Maillard lui présentent, peint en 1822.

3371. Portrait de M. le marquis de Pastoret.

3353. Baigneuse, petite étude.

3356. Jeanne d'Arc assiste au sacre de Charles VII, dans la cathédrale de Reims; elle est accompagnée de son écuyer Doloy, de son aumônier Jean Paquerel, religieux augustin, et de ses pages; peint en 1854.

3349. Roger délivrant Angélique (sujet tiré de l'Arioste); peint en 1849, appartenant à l'empereur.

3351. Odalisque; peint à Rome en 1839.

3347. Naissance de Vénus Anadyomène.

3362. Arétin ayant mal parlé du Tintoret, celui-ci l'invite à venir pour faire son portrait. Avant de commencer, le Tintoret s'avance armé d'un long pistolet, avec lequel il le mesure de la tête aux pieds, en lui disant froidement : « Vous avez deux mesures et demie de mon pistolet »; peint en 1848.

3358. L'épée de Henri IV; la même scène que celle qui est représentée par le tableau 3357, a lieu devant le duc d'Epernon, Gabrielle d'Estrées, Malherbe et le cardinal Duperron; peint en 1832.

3363. Chérubini, portrait historique; la muse de la musique étend sa main protectrice au-dessus de la tête du compositeur; peint en 1842, appartenant à l'empereur.

3360. Philippe V, roi d'Espagne, donnant l'ordre de la Toison d'or au maréchal de Berwick, après la bataille d'Almanza; peint en 1822.

3343. Apothéose de l'empereur Napoléon Ier; peint en 1853. Ce tableau forme le plafond d'un des salons de l'hôtel de ville, à Paris.

En quittant le salon de M. Ingres, nous tournons à gauche pour rentrer dans la galerie anglaise et reprendre la fin de cette galerie que nous avons négligée en parcourant l'exposition anglaise.

GALERIE LATÉRALE DE DROITE.

France. — Les tableaux français continuent la paroi gauche de la galerie jusqu'au fond, où se trouve la Chapelle des morts (3292), de M. Lehenaff, en revenant vers l'autre muraille jusqu'à la porte qui communique avec l'extrémité de la *galerie sombre,* où l'on a relégué quelques bons tableaux qui n'ont malheureusement pu trouver place ailleurs.

Nous avons peu de chose à citer dans cette galerie, où se trouvent les principales œuvres de M. Courbet, le peintre qui a le privilége du *réalisme,* au dire de ses propres affiches.

Une Vue de Londres (3747), et une Vue des bords du Rhin (3742), par M. Justin Ouvrié, ouvrent cette galerie. Puis viennent six toiles de M. Courbet, la plupart déjà connues : les Demoiselles de village (2802), les Casseurs de pierre (2801), les Cribleuses de blé (2804), la Rencontre (2803) : ces deux œuvres sont nouvelles; deux Portraits de l'auteur (2806-2807), et le château d'Ornans (2811).

On remarque ensuite un Hiver en Hollande (3591), par M. le Poitevin, appartenant à l'État; la Prise de Jérusalem (4006), par M. Signol, appartenant à la maison de l'empereur; le Camp d'Équihem (3407), le Port (3409) et le Camp (3406) d'Ambleteuse (Pas-de-Calais), par M. Jeanron; une Vue de Barbison, près Fontainebleau (3509), par M. Lavieille; une Faunesse (3736), par Mme O'Connell; la Fin d'automne, par M. Lafage; une Vue de la Seine, près Villequier (3318), par

Jésus-Christ au jardin des Oliviers, par Jalabert.

M. Édouard Hostein; et Jésus-Christ au jardin des Olives (3394), par M. Jalabert.

GALERIE SOMBRE.

France. — Pénétrons maintenant dans ce qu'on appelle *la galerie sombre*. On n'a pu placer de tableaux que d'un seul côté de la galerie, sur la muraille opposée aux fenêtres, ce qui les met dans un jour défavorable, dont on doit tenir compte aux artistes avant de se prononcer sur leurs œuvres.

Nous avons encore ici peu de toiles à citer; mais quelques-unes sont signées de noms célèbres et sont à la hauteur de la réputation des artistes qui les ont exécutées.

Nous sommes d'abord arrêtés par le Jeune malade (3414), de M. Jobbé-Duval, qui traite avec une exquise délicatesse des sujets où l'art antique s'allie merveilleusement à la fantaisie. La Mort d'Abel (3729), par M. Nègre; une Dame espagnole fort laide (2808), par M. Courbet; les Vendanges en Romagne (2478), par M. Baron; le Château de Heidelberg (4216), par M. Wyld; la Toilette de Judith (3989), et le Jugement de Salomon (3990), par M. Schopin; un Portrait (2608), par M. Louis Boulanger, et la Roche de dix heures (2809), une des meilleures toiles de M. Courbet, peuvent être placés hors ligne.

M. Jobbé-Duval a exposé une autre charmante toile, que l'on regrette de ne pas voir mieux placée, la Toilette d'une fiancée (3412); le Départ (2905) et le Retour des pêcheurs (2906), par M. Auguste Delacroix; le Golfe de Rapallo, près Chiavari (3496), par M. Lapito; la Lisière d'une forêt (4049), par M. Thierry; une Vue prise près Trouville (3102), par M. Fleury; Souvenir du pays (2591), par M. Bonhommé, et un Portrait de Mgr Sibour, archevêque de Paris, par M. Henri Scheffer, sont aussi dignes d'attention.

Enfin, nous terminerons par quelques toiles qui obtiennent un certain succès : ce sont les Beignets (2738), Louis XV, Mlle d'Humières, par M. Cibot; l'Eté de la Saint-Martin (3725), paysage très-remarquable, par

M. Nazon; la Promenade de la Dauphine (2546), par M. Faustin Besson; un Etranger reconduit à la frontière par mesure de la police russe (4219), par M. Yvon; deux portraits de Mme O'Connell (3739 et 3737), par Mme O'Connell; un Portrait de M. Leroux, de la Comédie française (3505), par M. Laugée; et enfin la Bataille de la Moskowa; prise de la grande redoute (3484), par M. Langlois, le peintre du Panorama des Champs-Elysées.

SALON DE M. DELACROIX.

France.—Ce salon n'est point exclusivement attribué à M. Delacroix, dont il porte cependant le nom. D'autres œuvres y sont exposées, qui ont aussi beaucoup de mérite.

En commençant notre revue par la gauche en entrant, nous rencontrons d'abord M. Henri Lehmann, du duché de Holstein, qui a été naturalisé français et dont les tableaux ont une certaine réputation : il a fait un Portrait de feu Mme Arsène Houssaye (3557), un Hamlet (3553), une Ophélia (3554), et sept ou huit autres toiles mythologiques ou portraits (3551 à 3559), sur la valeur desquels on discute beaucoup.

Nous remarquons ensuite l'Étudiant (3645), par M. Maréchal, de Metz, l'auteur des vitraux qui ferment les deux extrémités du palais de cristal; quelques petites toiles d'une valeur incontestée : les Lapins (3456), de M. Eugène Lambert; Bernard de Palissy (3942), la Tintoretta (3943), N. Poussin (3941), l'Enfance (3944), par M. Roux; la Veille d'une campagne (2574), le Chasseur (2576), l'Agrafe (2577), par M. Billotte.

Deux grands Paysages, de M. Français (3126 et 3125), terminent la série des toiles intéressantes qui précèdent l'exposition de M. Delacroix.

Nous allons aborder les œuvres de M. Eugène Delacroix, l'un des grands peintres de l'école française. M. Delacroix est une de ces individualités puissantes qui excitent au plus haut degré les sentiments les plus contraires : quelques-uns nient son talent avec énergie;

beaucoup d'autres ont pour ses œuvres une profonde admiration. M. Delacroix est élève de Guérin, selon le livret. En fait, il n'est d'aucune école : il est lui-même, et c'est assez. Il obtint la médaille de deuxième classe en 1824 ; décoré en 1831, il a été fait officier de la Légion d'honneur en 1846. Il n'est point de l'Institut : aussi signe-t-il les remarquables articles d'esthétique publiés par la *Revue des deux mondes* : Eug. Delacroix, *membre de l'Académie d'Amsterdam.*

Les principaux travaux de toute sa vie ont été exposés dans le salon où nous nous trouvons. Nous ferons, comme pour M. Ingres, une énumération complète de ses toiles.

2939. Chasse aux lions, peinte en 1855, appartenant à l'Etat.

2931. Femmes d'Alger dans leur appartement ; peint en 1834 (maison de l'empereur).

2908. Le Christ au jardin des Oliviers, peint en 1827 (église Saint-Paul et Saint-Louis, à Paris).

2926. Le 28 juillet 1830 ! peint en 1831 (maison de l'empereur).

2930. Mort de Valentin (sujet tiré du *Faust*, de Goethe) ; peint en 1848.

2936. Hamlet : « *Le paysan* : Ce crâne, Monsieur, était le crâne d'Yorick, le bouffon du roi. — *Hamlet* : Hélas ! pauvre Yorick ! »

2925. Boissy d'Anglas à la Convention ; esquisse qui a figuré au concours de 1831.

2927. Combat du giaour et du pacha, peint en 1835.

2911. La Madeleine dans le désert ; peint en 1845.

2929. Le Tasse en prison ; peint en 1848, appartenant à M. Alexandre Dumas.

2919. Le Roi Jean à la bataille de Poitiers : son jeune fils, Philippe le Hardi, cherche à le protéger dans la mêlée ; peint en 1830.

2918. Prise de Constantinople par les croisés : les principaux chefs parcourent les divers quartiers de la ville, Baudouin, comte de Flandre, à leur tête ; les familles éplorées invoquent leur clémence. Peint en 1841 (maison de l'empereur).

2920. Bataille de Nancy : Charles le Téméraire, duc de Bourgogne, embourbé dans un étang, est tué par un chevalier lorrain, au moment où il s'efforce d'en sortir; peint en 1834 (Musée de Nancy).

2917. L'Empereur Justinien composant ses lois; peint en 1827 (conseil d'État).

2921. Le Doge Marino Faliero, condamné à mort, est décapité sur l'escalier du palais ducal; peint en 1827.

2937. Le Naufrage de don Juan; peint en 1841.

2915. Justice de Trajan, plus connu sous le nom de Triomphe de Trajan; peint en 1840 (Musée de Rouen).

2932. Noce juive dans le Maroc; peint en 1841 (maison de l'empereur).

2912. La Sibylle montre, au sein de la forêt ténébreuse, le rameau d'or, conquête des grands cœurs et des favoris des dieux; peint en 1845.

2941. Plusieurs tableaux sous le même numéro.

2942. Fleurs et fruits.

2924. Scène des massacres de Scio; peint en 1824 (Musée du Luxembourg).

2909. Le Christ en croix, peint en 1847.

2922. Les Deux Foscari. Le doge Foscari est obligé d'assister à la lecture de la sentence qui condamne à l'exil perpétuel, comme ennemi de la république, son fils Jacques Foscari.

2940. Tête de vieille femme.

2935. Roméo et Juliette, scène tirée des *Tombeaux des Capulets*; peint en 1839.

2928. Le Prisonnier de Chillon. Enfermé dans le même cachot avec son jeune frère, il le voit mourir lentement sous ses yeux sans pouvoir l'atteindre ni le secourir (lord Byron); peint en 1835.

2933. Les Convulsionnaires de Tanger; peint en 1838.

2910. Le Christ au tombeau; peint en 1848.

2916. Marc Aurèle mourant recommande la jeunesse de son fils à quelques amis philosophes et stoïciens comme lui; peint en 1845.

2913. Médée furieuse et poursuivie est sur le point de tuer ses deux enfants; peint en 1838 (Musée de Lille).

188 GUIDE DANS L'EXPOSITION

Noce juive dans le Maroc, par Eug. Delacroix.

2934. Les adieux de Roméo et Juliette; peint en 1840.

2938. La famille Arabe, peint en 1854.

2923. Après la prise de son château, l'évêque de Liége est égorgé en présence de Guillaume de la Marck, surnommé le Sanglier des Ardennes, au milieu d'une orgie; peint en 1831.

2914. Dante et Virgile, conduits par Phlégias, traversent le lac qui entoure la ville infernale de Dité; des coupables s'efforcent d'entrer dans la barque. Dante reconnaît parmi eux des Florentins; peint en 1822 (maison de l'empereur).

Après M. Delacroix, nous trouvons sur notre passage une jeune artiste qui cache sous le pseudonyme d'Henriette Browne un talent très-remarquable. Mlle *** a exposé le Portrait d'un Frère de l'école chrétienne (2640), l'Enseignement mutuel (2643 et 2642), l'Ecole des pauvres (2641), qui sont des tableaux charmants; puis viennent cinq petites toiles de M. Pezons (3788, 3785, 3783, 3786, 3789); l'Inondation à Saint-Cloud (3325), paysage d'un grand effet, un Marais en Picardie (3329), une Soirée d'automne (3330), appartenant à la maison de l'empereur, peints tous les trois par M. Paul Huet; quatre petits tableaux (2698 à 2701) de M. Chavet; deux toiles de M. Th. Chassériau (2690 et 2691), l'imitateur de la peinture de M. Delacroix; un Portrait du lieutenant Bellot (3415), perdu dans la mer Polaire à la recherche de Franklin, par M. Jobbé-Duval.

Ce salon est enfin complété par les œuvres très-remarquables, mais dans un genre qui est l'opposé de celui de M. Delacroix, de M. J.-H. Flandrin. On a bien fait de placer les tableaux de ces deux artistes dans le même salon; ils prouvent au public impartial que deux artistes peuvent avoir un mérite hors ligne et un immense talent, sans que leurs œuvres aient rien de semblable.

Nous citerons de M. J.-H. Flandrin : une figure d'étude (3076); Saint Clair guérissant les aveugles (3075), et cinq portraits (3078, 3081, 3079, 3080 et 3082). M. J.-

P. Flandrin, son frère, a exposé les Gorges de l'Atlas (3087), la Lutte (3088), et deux ou trois paysages dans ce qu'on appelle le style de l'école (3090, 3093, 3091, 3095), et enfin le Tireur d'arc (3092), qui clôt le salon.

Nous sortons du salon de M. Delacroix par la porte du centre et nous tournons à droite, pour arriver à l'entrée du salon de M. Horace Vernet.

SALON DE M. H. VERNET.

France. — Cette exposition est doublement intéressante, par la popularité dont jouit, à juste titre, M. Horace Vernet, et par le choix de ses premières œuvres qui figurent à côté de ses travaux les plus récents. Les deux manières n'ont absolument rien de commun, mais elles sont remarquables toutes les deux. Les tableaux de sa jeunesse ont l'air d'avoir été conçus et exécutés par un vieillard sage et prudent ; les dernières œuvres ont tout l'éclat, toute la fraîcheur d'une verte jeunesse.

On a placé, comme chez M. Delacroix, quelques autres tableaux à côté des toiles de M. Horace Vernet.

Nous commencerons notre visite par la muraille de droite.

Nous rencontrons d'abord un Portrait qui a eu une immense réputation, c'est celui du frère Philippe, général des frères de la doctrine chrétienne (4162) ; deux Chasses (4161 et 4159) ; quatre Batailles de son ancienne manière : Montmirail (4147), Hanau (4146), Valmy (4145) et Jemmapes (4144) ; au-dessus se trouve la Bataille d'Isly (4152) que l'on a tiré de Versailles ; puis Mazeppa (4157) ; un Episode de la campagne de France (4148) ; l'Intérieur de l'atelier de M. Horace Vernet, qui a été rendu si populaire par la gravure ; M. de Lamoricière à l'attaque de Constantine (4150) ; le retour de la Chasse aux lions (4160) ; Mazeppa livré aux loups (4158) ; le Choléra à bord de *la Melpomène* (4154) ; Judith et Holopherne (4155), une de ses œuvres les plus connues, appartenant à la maison de l'empereur ; la barrière de Clichy en 1814 (4149). On remar-

Bataille d'Isly, par Horace Vernet.

que, parmi les gardes nationaux qui défendaient Paris, Marguery-Dupaty, homme de lettres, Charlet, peintre, et Horace Vernet, l'auteur du tableau; il a été peint en 1820, il appartient à la maison de l'empereur.

La grande toile de la Smala (4151), Rébecca à la fontaine (4156), le Portrait du maréchal Vaillant (4163), et le Rendez-vous de chasse (4164), terminent cette belle exposition.

GALERIE DE M. GUDIN.

France. — En quittant le salon de M. Horace Vernet, nous tournons à droite pour reprendre la galerie latérale que nous avons abandonnée après avoir visité l'exposition de Hollande.

Nous commencerons par la muraille de droite. Cette paroi a été presque entièrement réservée à notre plus illustre peintre de marine, M. Gudin.

Nous ferons pour M. Gudin ce que nous avons fait pour les principaux maîtres, une énumération de ses œuvres aussi complète que possible.

3231. Explosion du fort de l'Empereur, à Alger, pendant la campagne de 1830; peint en 1838.

3240. Aurore boréale.

3230. Le Camp de Staouéli.

3226. Lever de Lune sur la côté d'Aberdeen; scène de contrebandiers.

3244. Un Homme à la mer, souvenir des tropiques.

3233. Vue de Constantinople, prise en face de Péra; peint en 1840.

3229. La Détresse; peint en 1836.

3221. Le port des Catalans, à Marseille.

3234. Prise à l'abordage de la goëlette anglaise *le Hasard* par *le Courrier*, en 1804; peint en 1842.

3225. Constantinople; vue prise des Sept-Tours.

3242. Le Matin à Venise.

3239. Vue prise du cottage de lord Aberdeen, au nord de l'Écosse.

3222. Incendie du *Kent*, vaisseau de la Compagnie des

Indes, pendant une tempête, dans la baie de Biscaye; les passagers furent sauvés par le brick anglais *le Cambria* ; peint en 1827.

3237. L'amiral Doria s'embarque pour repousser les Vénitiens devant Gênes.

3243. Le Soir à Naples.

3238. Une barque de pêcheur sur les côtes de Hollande.

3228. Lord Byron enfant sur le pont de Balgouine (Écosse). « La chronique était ainsi : Pont de Balgouine » et tes noires murailles, sous le fils unique d'une femme » et le poulain unique d'une jument, à bas tu crou- » leras. » *(Don Juan.)*

Nous quitterons un instant, pour ne pas interrompre notre itinéraire, la galerie de M. Gudin. Nous reprendrons notre promenade devant la muraille opposée, où se trouvent encore quelques toiles de cet artiste, en nous rendant à la salle de sculpture.

GALERIE DE M. DECAMPS.

France. — La galerie dans laquelle nous pénétrons est occupée en grande partie par les œuvres de MM. Decamps, Théodore Rousseau et Meissonier.

Nous sommes encore obligés de faire une simple énumération. Il ne nous est pas possible de passer sous silence tant de chefs-d'œuvre accumulés.

Nous trouvons d'abord un tableau appartenant à la maison de l'empereur : la fin de l'Hiver (3128), par M. Français; puis deux toiles de M. Comte : la Rencontre de Henri II et du duc de Guise au château de Blois (2784), et l'accusation du cardinal de Guise après l'assassinat de son frère (2785); deux dessus de porte pour le ministère de l'intérieur, par M. Baron; le Toucher (2476) et l'Ouïe (2473); un Paysan rabattant sa faux (3127), par M. Français; un Marais dans les Landes (3938), par M. Th. Rousseau; enfin, Dans la coulisse, intérieur de saltimbanques (3455), par M. E. Lambert.

Nous abordons la série des œuvres de M. Decamps,

élève de M. Abel de Pujol; qui le croirait? tant il y a loin de la manière du maitre à celle de son disciple! M. Decamps a été décoré en 1839 et fait officier de la Légion d'honneur en 1851. Ses tableaux sont montés à des prix fabuleux; ses moindres croquis sont littéralement couverts de pièces d'or par les amateurs qui se les disputent.

Nous trouvons d'abord les Singes (2892); le Café turc (2865); Ane et Chien savants (2876), un de ses plus anciens tableaux; Anes d'Orient (2868).

Deux paysages de M. Th. Rousseau : les Côtes de Granville (3927), la plaine de Barbison (3936), et quelques charmantes toiles de M. Meissonier; viennent ensuite : la Lecture (3662); deux Portraits (5061); un jeune Homme travaillant et un Homme dessinant (5058, 5060); les Joueurs de boules (3663); la Lecture (5059); le Jeu du tonneau (5053); une Rixe dans un cabaret (3660), le dernier tableau de l'auteur; les *Bravi* (3661), tableau exposé il y a deux ans; un Coucher de Soleil (3931), et les Gorges d'Apremont (3935), par M. Th. Rousseau.

Nous retrouvons plusieurs autres œuvres de M. Decamps : les Chiens (2891); Poules et canards (2860); une fantaisie, la Ronde de Smyrne (5035); le Boucher turc (2878), un des chefs-d'œuvre de l'auteur; une Rue de village en Italie (2874); Espagnols (2866); Halte de cavaliers arabes (2890); Chasseurs (2889), et la Grand'mère (2880).

La Sortie de l'école turque, aquarelle (5039), est considérée comme une des plus magnifiques choses qui soient sorties de l'atelier de M. Decamps. L'histoire de Samson (2894), en 9 dessins, est aussi très-admirée. Cette magnifique collection appartient à M. Benjamin Delessert.

Les Singes boulangers, dessin (2898); le Gué, dessin (2897); le Souvenir de la Turquie d'Asie (2884); le Café turc (2887); les Enfants turcs (2871); le Bazar turc (2893); Joseph vendu par ses frères (2857), sont moins célèbres, mais aussi beaux.

Nous remarquons, dans les intervalles laissés par

DES BEAUX-ARTS. 195

l'exposition des œuvres de M. Decamps : un charmant

Un Paysage, par Th. Rousseau.

paysage de M. Th. Rousseau (3034); un Étang (2583),

par M. Karl Bodmer; un Enterrement de jeune fille dans les Vosges (2632), par M. G. Brion; un Marais (3933); un Effet du matin dans les Landes (3930), et un Coteau cultivé (3939), par M. Th. Rousseau.

Le Singe peintre (2861), appartenant à M. de Morny; les Chasseurs au miroir (2863); Moïse sauvé des eaux (2856); Eliézer et Rébecca (2858); la Pêche miraculeuse (2855); les Bohémiens (2886); le Tigre et l'éléphant (2875); les Joueurs de boules (2881), sont de très-jolis tableaux, quoique moins admirés des amateurs.

La Défaite des Cimbres (2859) est une immense composition, dans un espace très-restreint, qui surprend et éblouit. Dans cette œuvre fantastique, l'aspect est tout. L'artiste est arrivé, par la couleur, à créer des profondeurs immenses, où les regards confondus vont se perdre. Puis viennent des œuvres secondaires : l'Improvisateur (2888); Don Quichotte et Sancho (2864); l'Intérieur de cour (5036); le Mendiant (2877); les Chevaux de halage (2873); un Paysage d'Anatolie (5037); un Paysan italien (2879); la Chasse au faucon (2862); un Chenil (2882); l'Enfant au lézard (2872); une Cour de ferme (2870); enfin, un petit chef-d'œuvre, qui est un immense succès comme art et comme esprit, le Singe au miroir (5034).

Deux paysages de M. Ch.-F. Daubigny (2843 et 2844), et la Leçon de tambour (3307), par M. Hillemacher, terminent cette intéressante galerie.

GALERIE DU FOND.

France. — Nous commençons notre visite par la muraille de droite.

Nous remarquons d'abord la Moisson (3444), par M. Lafage; la Leçon de lecture (3136), par M. E. Frère; le Matin (2657), par M. Cabat; une Matinée (2406), par M. Achard; Braconnier prenant une chevrette (3994), par M. Schützenberger; Chevreuils surpris (3261), par M. Haffner; Couple de chiens (3666), par

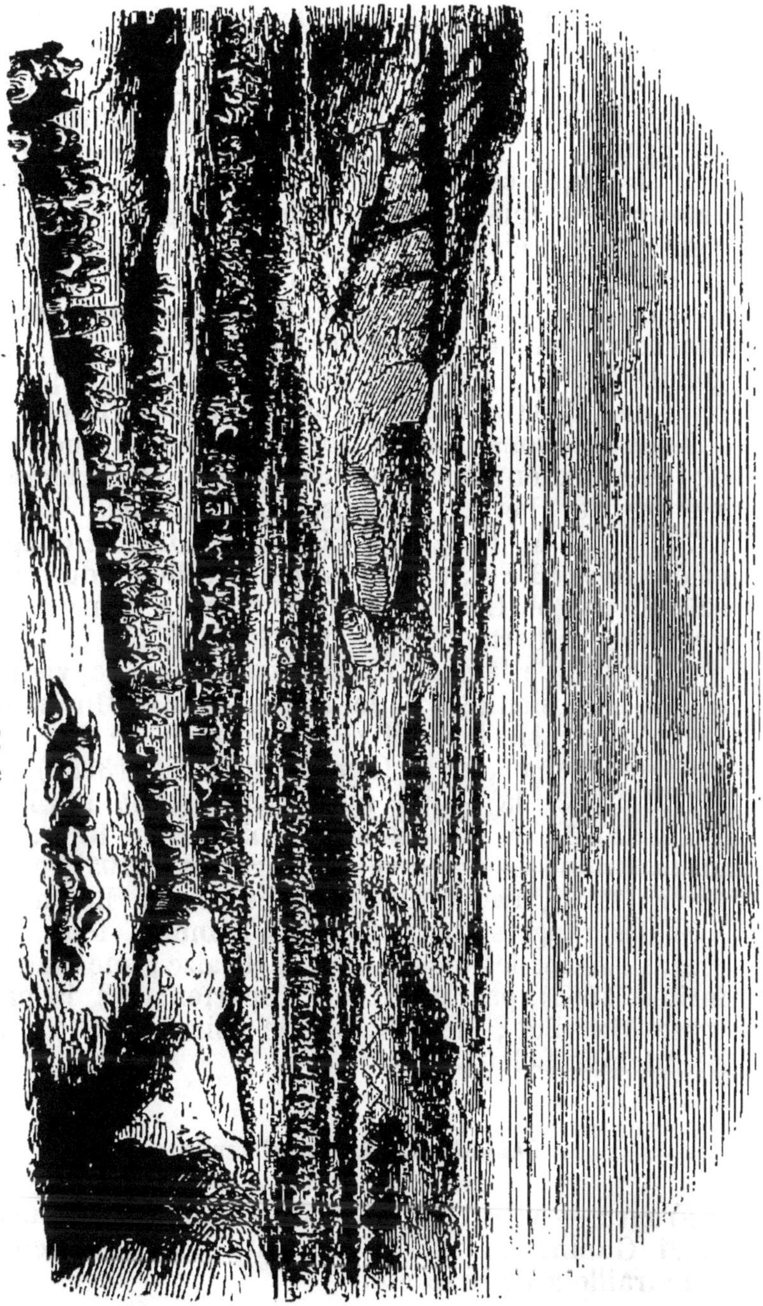

DES BEAUX-ARTS. 197

Défaite des Cimbres, par M. Decamps.

M. Mélin; Paysage aux environs de Berlin (2426), par M. Anastasi; le Soir (3993), par M. Schützenberger; Chien qui se réclame (3665), l'Allali du cerf (3664), par M. Mélin; Portrait de M. F. Bonvin (2596), par lui-même.

M. Jadin, le célèbre peintre de chasses, a exposé de charmantes toiles; deux tableaux appartenant au comte Ney, premier veneur : l'Assemblé de la vénerie au carrefour d'Achères, à Fontainebleau (3387), et la Retraite prise (3388); un Relai de chiens (3386), et des Chiens travaillant un terrier de blaireau (3391); Rigolette (3390); six Têtes de chiens (3392); Tippoo à seize ans (3393), et enfin l'Ebat des chiens (3389).

Nous trouvons ensuite, sur notre route : une Foire de chevaux en Bretagne (3450), par M. Lalaisse, peintre de chevaux très-distingué; Binious bretons (3762), par M. Penguilly-l'Haridon; Duel de Coligny et de Guise (3580), par M. Leman; le Repos du matin (2773), par M. Coignard, appartenant à la maison de l'empereur; Berthold Schwartz cherchant la première application de la poudre aux armes de guerre, victime d'une explosion (3761); le Tripot (3763); l'Invitation (3765), par M. Penguilly; un portrait de Mlle Augustine Brohan, de la Comédie française (3789), par M. Philippe; la Source miraculeuse (2634); la Fête-Dieu (2633), et un Train de bois sur le Rhin, par M. G. Brion; Ce qu'on voit à vingt ans (3195), et un Pilori (3194), avec cette épigraphe tirée de Béranger : « Si des rangs sortent quelques hommes, tous nous crions : A bas les fous! » par M. Glaize; une Matinée intime (3064), par M. Fichel, appartenant à la princesse Mathilde; un Champ de foire (3567), par M. Adolphe Leleux.

GALERIE DE M. GUDIN (suite).

France. — Nous rentrons maintenant dans la galerie de M. Gudin, que nous avions quittée. Nous reprenons la muraille à notre droite.

Nous citerons quelques toiles seulement : Au printemps (3443), par M. Lafage; la Lecture (2995), par M. Dubasty; Enfants conduisant des oies (3568), par M. Adolphe Leleux.

Nous trouvons dans cette galerie un des plus remarquables tableaux de l'exposition, qui se cache modestement dans un coin obscur, mais que les artistes et les amateurs ont su bientôt découvrir : c'est un Paysan greffant un arbre (3683), par M. Millet. A côté, on voit le portrait de Mlle Fix, de la Comédie française (3312), par M. Hofer; puis un Intérieur d'église à Tolède (2849), par M. Dauzats; la Fileuse d'Auvergne (2447), par M. Antigna; l'École buissonnière (3273), par M. Harpignies; une Jeune femme peignant (3134), par M. E. Frère; Dans les bois (3573), par M. Armand Leleux; le Dimanche des Rameaux (3302), par M. Hillemacher; l'Hiver (3098), le Printemps (3097), par M. Camille Flers; le Voyage de Vert-Vert (3301), par M. Hillemacher, appartenant à l'impératrice; le Bouvier (3782), par M. Pezons; le Vieux piqueur (3697), par M. de Montpezat; un Portrait de Mlle Herminie Bigé (2571), peint par elle-même; l'Eté (3099), et l'Automne (3100), par M. C. Flers; la Lecture de la Bible (3252), par M. Guillemin; et enfin une grande toile de M. Vinchon, représentant les Enrôlements volontaires en 1792 (4190).

Les tableaux de M. Gudin, que nous avions laissés derrière nous, termineront notre promenade à l'Exposition de peinture.

Un Soir d'orage (3241), peint en 1852; Coup de vent dans la rade d'Alger, en 1831 (3223), peint en 1834; Famille naufragée (3224), peint en 1853; Constantinople (3225), peint en 1827; le Retour des pêcheurs (3220), peint en 1827, et le vaisseau *l'Austerlitz* dans la Baltique (3227), peint en 1855, la dernière œuvre de M. Gudin, complètent son exposition.

Nous citerons, en terminant, un petit tableau de genre de M. Penguilly-l'Haridon : une Vedette gauloise (3764), qui passe pour une des plus charmantes productions de cet artiste.

La Nuit, par Fiers.

SALON FRANÇAIS DE SCULPTURE.

Notre revue à l'Exposition de peinture est maintenant terminée; nous nous trouvons à la porte du salon de sculpture, qu'il nous reste à visiter.

En entrant, nous rencontrons deux belles peintures sur faïence émaillée, destinées au tympan extérieur de l'église impériale de Saint-Leu-Taverny, représentant, l'une, Jésus-Christ, saint Leu et saint Égidius; l'autre, une Vierge, *consolatrix afflictorum*, par M. S. Cornu.

L'envoi de la Grèce moderne occupe les deux côtés de la porte d'entrée. Ce sont des œuvres intéressantes au point de vue de l'habileté.

La Prusse, la Belgique et l'Italie n'avaient pas une exposition assez considérable pour obtenir un local spécial; on les a placées dans le salon de la France.

Nous remarquons particulièrement dans ce salon: la Nuit (486), par M. Fiers, de Bruxelles; un Chien de race suédoise (1867), par M. Wolf, de Berlin; la Tête de la statue équestre de Frédéric le Grand (1863), par M. Rauch, de Berlin; Minerve soutenant un héros au combat (1821), par M. Blaeser, de Berlin; une statue (495) destinée à la place publique d'Alost, représentant Thierry Maertens, par M. Geefs, d'Anvers, un des plus célèbres sculpteurs de la Belgique; la Nuit, groupe en plâtre, par M. Fiers, de Belgique; le Lion amoureux (492), par le même; un Portrait du célèbre voyageur Jacquemont (4578), par M. Taluet, destiné au jardin des Plantes; la Pudeur (4440), par M. Jaley; le Spartacus des Tuileries (4383), bronze, par M. Foyatier; Bacchia, fille de Bacchus (4241), par M. Barre; la Première faute sur la terre (4406), par M. Garraud, destinée au jardin du Luxembourg; Caïn et sa race maudits de Dieu (4363), par M. Etex; Polyphème surprenant Acis et Galathée (4521), par M. Ottin, fontaine pour le jardin du Luxembourg; Ève et ses deux enfants (4314), par M. Hyacinthe Debay; Lesueur (4431), par M. Husson, destiné à l'ancien cloître du Luxembourg;

Acis et Galathée, par Ottin.

la Vérité (4271), par M. Cavelier; Chateaubriand (4358), par M. Duret; la Toilette (4322), par M. Debay père; l'Amour se coupant les ailes (4252), par M. Bonnassieux; Cornélie (4272), par M. Cavelier; Baigneur (4299), par M. Dantan; Ève tentée par le serpent (682), par M. Benzoni, de Bergame (Italie); le Génie de l'Italie (2314), par M. Romanelli, de Florence; l'Orgie (79), par M. le marquis Della Torre, de Vérone; Enfant jouant avec une tortue (4429), par M. Hébert; la Siesta (4382), par M. Foyatier; un Lion (4434), par M. Jacquemart; Jeune pêcheur napolitain jouant avec une tortue (4564), par M. Rude; l'Ingénuité (4338),

L'Amour vaincu, par Schœnewerk.

par M. Desprez; l'Amour vaincu (4570), une charmante création d'un artiste de talent, M. Schœnewerk;

le Dessin (504), par M. Vandenkerkhove, d'Anvers; Métabus, roi des Volsques (494), par M. Geefs.

M. Frémiet a exposé un Chien courant blessé (4391), Ravageot et Ravageode, chiens bassets (4392), qui font regretter de ne pas voir plus de choses de lui à l'Exposition.

M. Marochetti a envoyé un Portrait de Victor-Emmanuel, roi de Sardaigne (5075), et M. Cain un Vautour d'Egypte (4267), qui a déjà figuré au dernier salon du Palais-Royal.

Nous terminerons cette rapide revue par deux chefs-d'œuvre : un Jaguar dévorant un lièvre (4245), par M. Barye, un des plus grands artistes de notre pays et de notre temps; et le Christ en croix (4479), bronze de grandeur naturelle, par M. Maindron.

Les cartons de M. Chenavard, formant une suite de compositions destinées autrefois à la décoration du Panthéon, sont placés autour de la salle des sculptures; ils reproduisent des épisodes de la vie de l'humanité, depuis le commencement de Rome jusqu'à la convention nationale.

Au fond de la salle, du côté de l'entrée du buffet, on remarque le carton d'un grand vitrail pour la cathédrale d'Aix-la-Chapelle, représentant le Couronnement de la Vierge, dessiné par M. Teschner, de Berlin (1817).

A l'autre extrémité de la salle, sont les cartons des peintures à fresque exécutées par M. de Kaulbach, de Munich, dans le nouveau Musée de Berlin, ils ont pour sujets principaux : la Tour de Babel (1747), la Légende (1748), l'Histoire (1749), Moïse (1750) et Solon.

Enfin, dans le passage obscur qui conduit du salon de sculpture à la galerie de peinture, en face la porte du buffet, on a placé une statue colossale d'un grand effet, représentant la Douleur (4284), par M. Christophe, artiste de beaucoup d'avenir.

SALONS ANGLAIS ET AUTRICHIEN DE SCULPTURE.

Deux autres salons, de dimensions plus modestes

que celui-ci, ont été réservés pour la sculpture italienne et autrichienne. Ils sont situés dans la partie opposée du bâtiment, parallèlement à la galerie anglaise : on pourra s'y rendre en allant aux galeries supérieures.

Les artistes ayant eu la précaution de faire graver, au-dessous de chaque statue, l'explication contenue au livret, il est inutile que nous répétions ici la notice qu'ils auront naturellement sous les yeux en regardant les statues.

GALERIE SUPÉRIEURE.

Aquarelles, pastels, dessins, gravures, lithographies, etc. — En quittant les salons de la sculpture qui longent la galerie anglaise, nous suivrons celle-ci comme si nous voulions sortir du palais. A notre gauche, après avoir dépassé le petit buffet, nous prenons le grand escalier qui conduit à la *galerie supérieure.* Cet endroit a servi à l'exhibition de quelques œuvres qui n'auraient pu trouver place en bas.

Nous remarquons, dans cet escalier, qui est celui de droite en entrant, un buste en bronze de la reine Victoria (1174), par M. Thornicroff, de Londres; une Vue du Latrium (2530), par M. Benouville; les Chrétiens livrés aux bêtes dans le cirque du Colysée, sous Domitien (3609), par M. Leullier; un Soir d'été aux bords de la Seine (4186), par M. Villevieille, et l'Acropole d'Athènes (2829), par M. de Curzon.

En entrant dans la galerie supérieure, nous avons à droite les gravures anglaises, françaises, etc., qui n'offrent qu'un médiocre intérêt; elles ont presque toutes été exposées, depuis plusieurs années, chez les marchands d'estampes des boulevards, ce qui nous dispense de nous y attacher plus particulièrement.

A droite sont les aquarelles anglaises; au bas de chaque cadre est attachée une petite étiquette faisant connaître le nom de l'auteur et donnant l'explication du sujet traité. Deux grandes aquarelles cependant sont dépourvues d'indication, ce sont les numéros 1023 et 1024, appartenant à la reine d'Angleterre et représentant une Soirée au château de Balmoral, au moment où le prince Albert revient de la chasse; et une Matinée dans les montagnes d'Écosse, la Famille royale gravissant le Lochnagar.

Quelques compositions architecturales (1461) enfantées par l'imagination des artistes, une Vue de la synagogue de Great Saint-Helen's, à Londres (1431), sont surtout dignes d'être remarquées. Nous signalerons aussi : une Boutique de barbier à Séville (1981), par M. Lundgren, de Stockholm (Suède). Quatre Vues de la villa mauresque la Wilhelma, construite aux frais du roi de Wurtemberg, à Cannstadt, près Stuttgard (2171) : le Vestibule, la Cour couverte, le grand Salon, le grande Salle de festin, par M. Zanth, de Stuttgard (Wurtemberg).

Nous arrivons aux miniatures, qui sont toutes très-belles. Nous avons d'abord les portraits de M. de Pommayrac (3821), les miniatures de Mme Herbelin (3293) et de M. Rousseau (3916).

Les émaux sont aussi très-remarquables : M. Waldeck (5063), Mlle S. Berthou (2543), Mlle H. Mutel (3719), M. Devers, de Turin (2964), ont exposé des œuvres charmantes.

M. Maxime David (2850) a envoyé vingt-neuf miniatures, parmi lesquelles on remarque un portrait du prince Napoléon et trois portraits d'Abd-el-Kader.

Les peintures sur porcelaine sont peu nombreuses. On remarque une copie de Prud'hon (4193), par M. Vion.

M. Maréchal, de Metz, a exposé quatre pastels fort remarquables (3642 à 3645).

M. Giraud a un Portrait de la princesse Mathilde (3188) et un Portrait de M. Mélingue (3189).

M. Eugène Lami a exposé cinq aquarelles (3463 à 3467).

Nous remarquons trois dessins de M. Bida (2563 à 2565), six aquarelles de M. Salmon (3962 à 3967), deux pastels de M. Jules Grenier (3214).

Sept dessins de M. Yvon, représentant les sept péchés capitaux : 4220, la Colère; 4221, la Luxure ; 4222, l'Avarice; 4223, la Gourmandise, 4224; l'Orgueil; 4225, l'Envie; 4226, la Paresse. Les allégories sont presque toutes empruntées à *l'Enfer* du Dante. Cette collection appartient au Musée du Havre.

M. Janmot, de Lyon, a envoyé une série de tableaux allégoriques ayant pour sujet *l'Ame*, poëme en dix-huit tableaux (3402). Quelques-unes de ces toiles ont de l'originalité.

M. Th. Valerio a exposé vingt-quatre études, faisant partie d'une collection ethnographique, et exécutées en Moldavie, en Valachie, en Turquie, etc., par les ordres du gouvernement français.

4107, Pâtre hongrois des bords de la Theüss; 4108, Derviche égyptien, armée du Danube; 4109, Bachi-Bozouck, Silistrie; 4110, Femme tsigane de Servie; 4111, Turc des côtes de la mer Noire; 4112, Turc de la Morée; 4113, Chef arabe des environs de Damas; 4114, Chef kurde; 4115, Tsigane hongrois; 4116, Tsigane hongrois; 4117, Femme tsigane de Hongrie; 4118, Femme tsigane de Servie; 4119, Paysan hongrois de Szolnok; 4120, Paysan hongrois de Szolnok; 4121, Paysan hongrois du pays des Jazigers; 4122, Paysan hongrois des montagnes du Matra; 4123, Avant-poste égyptien, dans la Dobruscha; 4124, Femme serbe de Belgrade; 4125, Bachi-Bozouck albanais, armée du Danube; 4126, Paysan valaque; 4127, Pâtre hongrois des Carpathes; 4128, Femme mariée d'Arokszallas; 4129, Femme croate des frontières de Bosnie; 4130, Forgeron tsigane des montagnes du Matra.

Nous retrouvons, vers le fond de la galerie, quelques tableaux à l'huile qui n'ont pu trouver place dans les salons et galeries inférieurs.

Une Prise de Smolensk (3483), par M. Langlois; un Portrait de feu l'abbé de Lamennais (3249), par feu Guérin; un Portrait de M. Manin, ancien dictateur de Venise (2522), par M. Belly; un Muletier du Var (3622), par M. Loubon; l'Entretien (3575); Manola, en Espagne (3576), par M. Armand Leleux; Soutien et pardon (2782), par M. Compte-Calix; Portrait de M. Peccarer, avocat (3849); Portrait de M. Chenavard, peintre, par M. Ricard; une Descente de croix (3514), par M. Lazerges; des Chevaux de labour d'Alsace (3451), par M. Lalaisse; enfin une magnifique lithographie (4851) de M. Soulange-Teissier, représentant saint François d'Assise, d'après M. Benouville.

Nous terminerons notre promenade dans la galerie supérieure, en citant une Vue générale de Paris, prise de la terrasse de l'Observatoire, par M. Marlet.

Dans l'escalier que nous prenons pour descendre de la galerie et sortir de l'Exposition, nous indiquerons quelques toiles qui eussent été dignes de figurer dans un endroit plus favorable : une Chaîne de forçats en 1788 (2739), par M. Cibot; l'Acropole d'Athènes (2413), et la Parabole du bon Samaritain (2415), par M. Claude Aligny; Marée basse (3542), par M. Lepoitevin; un Intérieur de maréchaux ferrants (3577), par Armand Leleux; l'Ane portant des reliques, par M. Leray; et la Marchande d'amours (3380), par M. Isambert.

FIN.

(EXPOSITION DE L'INDUSTRIE.)

TABLE DES MATIÈRES.

Annexes du palais de l'Industrie..........page	88
Bronzes et objets d'art........................	40
Carrés du fond ... 52, 60, 62, 63, 64, 65, 67, 70,	72
Diamants de la couronne......................	98
Dispositions spéciales et relatives à l'Exposition des beaux-arts de 1855...................	18
Documents officiels relatifs à l'Exposition de 1855.	10
Elkington.....................................	64
Escalier nord-ouest...........................	85
Expositions étrangères........................	6
Exposition universelle de 1851................	8
Extrait du règlement général de l'Exposition de 1855.......................................	14
Galeries du premier étage de l'annexe du quai de Billy.......................................	117
Galerie des machines.........................	120
Galerie du nord...............................	82
Galerie de l'ouest	85
Galerie du quai de Billy......................	101
Galerie du sud................................	76
Galerie transversale du rez-de-chaussée (sud-ouest)	76
Hangars (les) et leurs divers produits..........	89
Horlogerie	113
Imprimerie et reliure..........................	57
Introduction..................................	1
Lustre de Baccarat............................	84
Machines	122
Machines et instruments agricoles..............	91
Machines mises en mouvement................	127
Meubles français..............................	94
Nombre des exposants	29
Orfévrerie....................................	45
Palais de l'Exposition.........................	19

Panorama...........................89,	98
Phare du transept.....................	38
Pianos (les)	97
Places occupées par les diverses nations dans le palais de l'Industrie......................	32
Porcelaine...........................	44
Pourtour............................	94
Stéréotomie et plastique	54
Tableau des expositions françaises jusqu'en 1849.	3
Tapisseries (les).....................	98
Tissus..............................	83
Transept............................	34
Trophées du transept................................ 43, 47, 50, 53, 56, 59, 61, 62, 64, 65,	68
Verres et cristaux....................	49
Vitraux de Maréchal, de Metz	35

TABLE ALPHABÉTIQUE

DES PAYS QUI ONT EXPOSÉ.

Algérie, pages 115, 117.
Angleterre, 59, 79, 104, 130.
Autriche, 68, 78, 111, 130.

Bade, 72, 111.
Bavière, 76, 111.
Belgique, 66, 78, 130.

Canada, 106.
Colonies françaises, 115.
Contrées diverses, 119.

Danemark, 77, 111.

Egypte, 82.
Espagne et Portugal, 108.
Etats-Unis, 65.

Grèce, 82.

Guatemala, 79.
Hanovre, 76.
Hollande, 86.

Inde anglaise, 81.
Italie, 82.

Mexique, 79.

Nouvelle-Grenade, 79.

Pays-Bas, 110.
Prusse, 72, 77, 111, 130.

Suède et Norvége, 87, 111.
Suisse, 85, 109.

Turquie, 82, 108.

Wurtemberg, 76, 111.

(EXPOSITION DES BEAUX-ARTS.)

TABLE DES MATIÈRES.

Avertissement	page 132
Introduction	133
Renseignements généraux	135
Vestibule	140
Galerie sarde	142
Salon belge	146
Galerie suisse	151
Salon prussien	152
Salon autrichien	155
Galerie anglaise	157
Galerie espagnole	165
Galerie hollandaise	166
Galerie espagnole (suite)	166
Grand salon	168
Galerie centrale	177
Salon de M. Ingres	178
Galerie latérale de droite	182
Galerie sombre	184
Salon de M. Delacroix	185
Salon de M. H. Vernet	190
Galerie de M. Gudin	192
Galerie de M. Decamps	193
Galerie du fond	196
Galerie de M. Gudin (suite)	198
Salon français de sculpture	200
Salons anglais et autrichien de sculpture	204
Galerie supérieure	205

TABLE ALPHABÉTIQUE

DES ARTISTES.

Achard, page 196.
Achenbach, 154.
Adam, 157.
Agnemi, 152.
Aligny, 208.
Amaury-Duval, 174.
Antigna, 174, 178, 199.
Appiani, 156.
Arienti, 156.
Armitage, 160.

Baron, 184, 193.
Barre, 200.
Barye, 203.
Bassel, 141.
Beaume, 174.
Bégas, 154.
Bellangé, 176.
Belly, 207.
Benouville, 177, 205.
Benzoni, 203.
Bergh, 141.
Berthou (Mlle), 206.
Besson (Faustin), 185.
Bezzuoli, 140.
Bida, 206.
Biefve (de), 148.
Bigé (Mlle H.), 199.
Billotte, 185.
Bisi, 156.
Blaas, 156.
Blaeser, 200.
Bled (David), 166.

Block (de), 147.
Boder, 153.
Bodmer, 195, 196.
Bohn, 157.
Bompiani, 146.
Bonheur, 146.
Bonheur (Mlle Rosa), 174.
Bonhommé, 184.
Bonnassieux, 204.
Bonvin, 174, 198.
Bosboom, 166.
Bossuet, 145.
Brackeleer, 145, 147.
Brascassat, 174.
Breton, 167, 178, 178.
Brion, 196, 198.
Browne (Mlle Henriette), 189.

Cabat, 172, 196.
Cabuchet, 146.
Caffi, 156.
Cambon, 174.
Cavelier, 202, 203.
Chassériaux (Th.), 167, 189.
Chavet, 189.
Chenavard, 203.
Christophe, 204.
Cibot, 184, 208.
Cogniet, 174, 176.
Coignard, 198.
Compte-Calix, 207.

TABLE DES MATIÈRES.

Comte, 193.
Cooke, 161.
Cooper, 161.
Cope, 164.
Cormenti, 156.
Cornélius, 154.
Cornu, 200.
Corot, 174, 178.
Coulon, 143, 147.
Courbet, 167, 182, 184.
Curzon (de), 205.
Cranck, 151.
Creswick, 159.

Daems, 146.
Dahl, 141.
Danby, 164.
Dantan, 203.
Daubigny, 196.
Dauzats, 199.
David (Maxime), 206.
Debay (Hyacinthe), 200.
Debay père, 202.
Decamps, 193, 194, 196, 198.
Degroux, 143, 148.
Delacroix (Auguste), 184.
Delacroix (Eugène), 185, 186, 187, 188, 189.
Desprez, 203.
Devers, 206.
Diaz, 174.
Dillens, 143, 146.
Dubasty, 199.
Dubourg, 166.
Dumont, 146.
Duret, 203.

Eastlake, 161.
Egg, 161, 164.

Elmore, 161, 164.
Etex, 200.
Eybel, 153.
Eybl, 155.

Fay, 145.
Ferri, 142.
Fichel, 198.
Fiers, 200.
Flandrin (J.-H), 189.
Flandrin (M.-J.-P.), 189, 190.
Flers, 199, 201.
Fleury, 184.
Fortin, 174.
Fourmois, 145, 147.
Foyatier, 200, 203.
Français, 185, 193.
Frémiet, 203.
Frère (E.), 196, 199.
Frère (P.-E.), 178.
Frith, 161, 164.

Gamba, 142.
Gauermann, 156.
Garraud, 200.
Geefs, 146, 200, 203.
Gendron, 177.
Gérôme, 142, 168.
Geusler, 140.
Giacomelli, 142.
Girardin, 152.
Giraud (Charles), 174.
Giraud (P.-F.-E.), 167, 206.
Glaize, 198.
Gonne, 168.
Goodall, 159, 161.
Gordon, 164.
Grant, 164.

TABLE DES MATIÈRES.

Grenier, 206.
Grosclaude, 152.
Gruyter, 166.
Gude, 141.
Gudin, 192, 198, 199.
Guérin, 207.
Guillemin, 174, 177, 199.
Gush, 161.
Guterbock, 154.

Haas, 166.
Haffner, 196.
Hamman, 145, 148.
Hamon, 172.
Hannah, 160.
Harpignies, 199.
Hayez, 156.
Hayter (Sir G.), 158, 161.
Healy, 151.
Hébert (A.-A.-E.), 172.
Hébert (de Genève), 152.
Hébert (Pierre), 203.
Hengsbach, 153.
Herbelin (Mme), 206.
Hermann, 140.
Hildebrandt, 153.
Hillemacher, 196, 199.
Hockert, 141.
Hofer, 199.
Holland, 164.
Hoppenbrowers, 166.
Horsley, 164, 165.
Hosemann, 153.
Hostein, 183.
Hübner, 153, 168.
Huet, 189.
Hulme, 161.
Hunt, 151, 159.
Hurlstone, 160.
Husson, 200.

Induno, 156, 157.
Inganni, 156, 157.
Ingres, 178 à 182.
Isabey, 167, 174.
Isambert, 208.
Israels, 166.

Jacquemart, 203.
Jadin, 198.
Jalabert, 174, 183.
Jaley, 200.
Janet-Lange, 172.
Janmot, 207.
Jeanron, 178, 182.
Jobbé-Duval, 172, 184, 189.
Johnston, 161.
Jollivet, 168.

Kalcreuth, 154.
Kauffmann, 140.
Kaulbach, 154, 157, 203.
Kiorboë, 141.
Knaus, 151.
Knigth, 161.
Knyff (de), 143, 145.
Koekkoek, 166.
Kretzschmer, 153.
Krüger, 153, 154.
Kruseman, 166.
Kuyten-Brower, 145.

Lafage, 183, 196, 199.
Lalaisse, 198, 208.
Lambert, 185, 193.
Lambinet, 174, 177.
Lami (Eug.), 174, 206.
Lance, 158, 159.
Landelle, 177.
Landseer, 159, 164.

TABLE DES MATIÈRES.

Langlois, 185.
Langlois, 207.
Lapito, 184.
Lavieille, 182.
Laugée, 185.
Larson, 141.
Laso, 141.
Lazerges, 177, 208.
Lee, 160.
Lehenaff, 182.
Lehmann, 185.
Lehon, 143, 148.
Leighton, 152.
Leleux (Ad.), 198, 199.
Leleux (Arm.), 178, 199, 207, 208.
Leman, 198.
Lépaulle, 178.
Le Poitevin, 182, 208.
Leray, 208.
Leslie, 159, 160, 164, 165.
Leullier, 205.
Leys (Henri), 147, 148.
Lies, 143, 147.
Linnig, 147.
Lopez (B.), 165.
Lopez (L.), 165.
Loubon, 207.
Lucas, 166.
Lugardon, 152.
Lundgreen, 206.

Maclise, 159, 164.
Madou, 143, 148.
Madrazzo (F.), 165, 166.
Madrazzo (L.), 165.
Magnus, 153.
Maindron, 203.
Maréchal, 185, 206.
Marlet, 208.

Marochetti, 203.
Mathysen, 146.
Mazzochi, 140.
Melbye, 141.
Mélin, 196, 198.
Menzel, 154.
Mérino, 141.
Meuron, 152.
Meyerheim, 153.
Millais, 161.
Millet, 199.
M'innes, 164.
Montpezat (de), 199.
Müller (Charles), 174.
Müller (Charles), 153.
Müller (Frédéric), 157.
Müller (Karl), 157.
Muller (Victor), 157.
Mulready, 159, 160.
Mutel (Mlle), 206.

Nazon, 184.
Nègre, 184.
Noël, 178.
Nordenberg, 141.

O'Connel (Mme), 182, 185.
O'Neil, 158.
Ottin, 200, 202.
Ouvrié, 182.

Patten, 164.
Penguilly-l'Haridon, 198, 199.
Pérignon, 172.
Perroti, 142.
Peschel, 168.
Pezons, 178, 189, 199.
Philippe, 198.
Philippoteaux, 172.

Phislip, 159, 164.
Plassan, 172.
Pollet, 177.
Pommayrac (de), 206.
Poole, 164, 165.
Portaëls, 145, 147, 148.
Pottin, 177.
Pruché, 178.

Rankley, 158.
Rauch, 200.
Redgrave, 160.
Ricard, 207, 208.
Riccardi, 156.
Rigo, 177.
Riss, 153.
Robbe, 147.
Robert-Fleury, 173, 174.
Roberts, 158, 164.
Robie, 143.
Robinet, 146.
Rodakowski, 174, 174.
Romanelli, 203.
Rosenfelder, 154.
Rousseau (Ph.), 167, 176.
Rousseau (Th.), 193 à 196.
Roux, 185.
Rude, 203.

Saint-Jean, 177, 178.
Salmon, 206.
Scheffer (Henri), 184.
Scheuchzer, 157.
Schiavoni, 156.
Schlesinger, 156.
Schmitt, 157.
Schœnewerk, 203, 204.
Schopin, 184.
Schuback, 140.

Schutzenberger, 168, 196, 198.
Signol, 182.
Smidt-Crans, 166,
Solomon, 161.
Soulange-Tessier, 208.
Stapleaux, 148.
Stevens (A.), 143, 146, 147, 148.
Stevens (J.), 143, 145, 146, 147.
Stone, 159, 161.
Stroobant, 145.

Taluet, 200.
Tescher, 203.
Thierry, 184.
Thomas, 147.
Thornicroff, 205.
Tidemand, 141.
Torre (le Mis della), 303.
Toulmouche, 172.
Tournemine (de), 167.
Troyon, 172.

Uwins, 161.

Valério, 207.
Vandenkerkhove, 203.
Vander-Vin, 144.
Van-Haanen, 156.
Van-Hove (Hubert), 143.
Van-Muyden, 152.
Van-Schendel, 145, 148.
Van-Severdonck, 147.
Ventadour, 157.
Verbœckhoven, 145, 147.
Verlat, 143.
Vernet, 190 à 192.
Verveer, 166.

Villevieille, 205.
Vinchon, 178, 199.

Wallays, 147.
Waldeck, 206.
Waldop, 166.
Ward, 161.
Wauters, 143.
Webster, 160, 165.
Weissenbruch, 166.
Willems, 147, 148.

Winter, 143.
Winterhalter, 151, 176.
Wolf, 200.
Wolphagen (Mlle), 140, 168.
Wyld, 184.

Yvon, 172, 185, 206.

Zanth, 206.
Zimmermann, 157.

FIN DES TABLES.

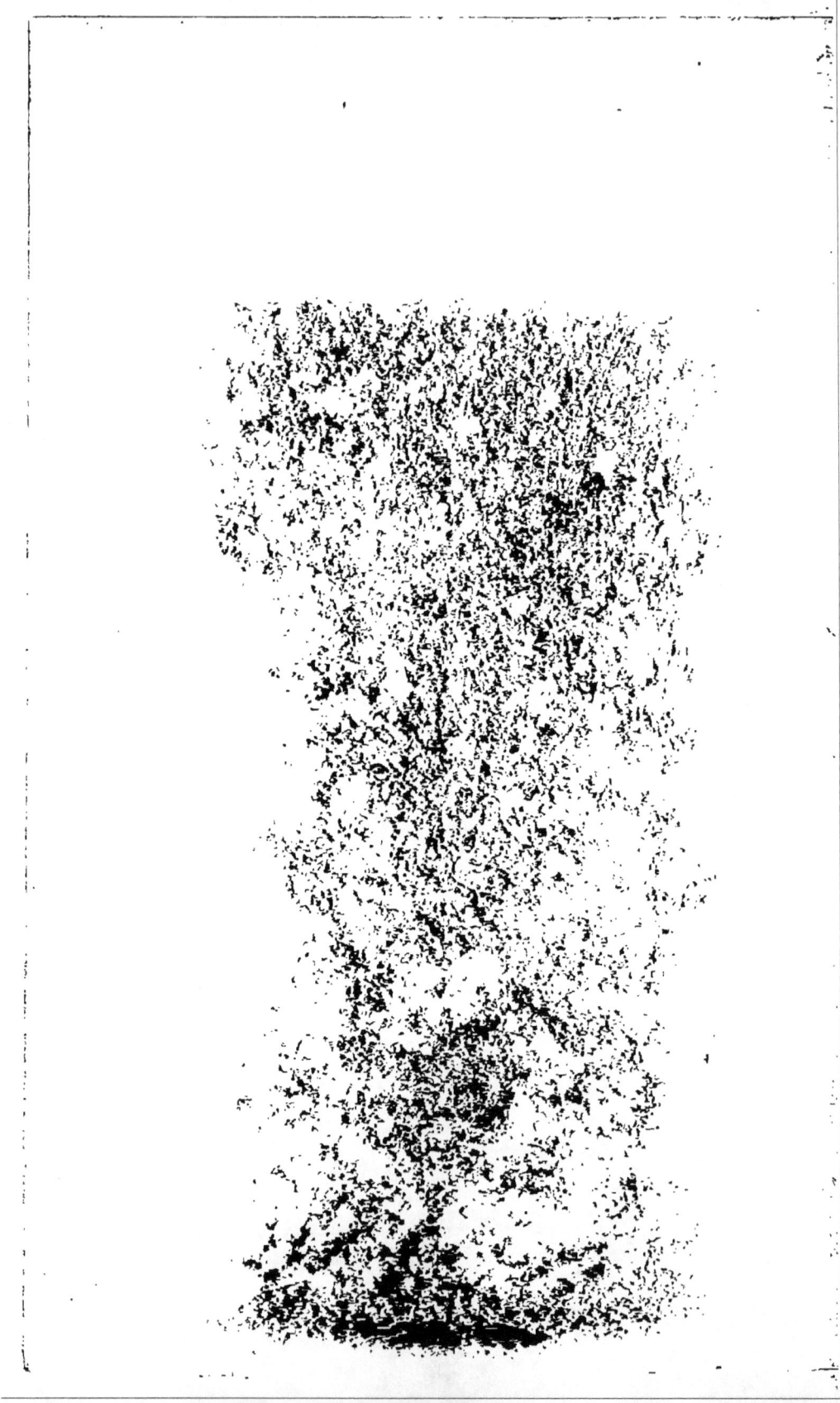

BIBLIOTHEQUE NATIONALE DE FRANCE

3 7531 03003579 5

www.ingramcontent.com/pod-product-compliance
Lightning Source LLC
Chambersburg PA
CBHW071951160426
43198CB00011B/1637